QINGCHUNQI HAIZI DE
ZHENGMIAN GUANJIAO FA

青春期孩子的正面管教法

马飞鹏◎编著

中国纺织出版社有限公司

内 容 提 要

青春期，是孩子人生中最大的叛逆期，从孩子 12 岁，大概持续到孩子 18 岁。度过了青春期，孩子就从少年走向了成年。所以如何度过青春期，关系到孩子的成长。

很多父母都不知道应该如何与青春期孩子相处，本书以正面管教的教育思想为基础，从各个方面阐述了如何对青春期孩子进行正面管教，帮助父母参透正面管教的理念精髓，帮助孩子顺利度过青春期，身心健康地快乐成长。

图书在版编目（CIP）数据

青春期孩子的正面管教法 / 马飞鹏编著. --北京：中国纺织出版社有限公司，2021.4
ISBN 978-7-5180-8178-3

Ⅰ. ①青… Ⅱ. ①马… Ⅲ. ①青春期—家庭教育 Ⅳ. ①G782

中国版本图书馆CIP数据核字（2020）第220441号

责任编辑：李凤琴　　责任校对：高　涵　　责任印制：储志伟

中国纺织出版社有限公司出版发行
地址：北京市朝阳区百子湾东里A407号楼　邮政编码：100124
销售电话：010—67004422　传真：010—87155801
http://www.c-textilep.com
中国纺织出版社天猫旗舰店
官方微博http://weibo.com/2119887771
三河市宏盛印务有限公司印刷　各地新华书店经销
2021年4月第1版第1次印刷
开本：710×1000　1/16　印张：13
字数：121千字　定价：39.80元

凡购本书，如有缺页、倒页、脱页，由本社图书营销中心调换

前言

在成长的过程中，孩子将会经历三个叛逆期：第一个叛逆期是宝宝叛逆期，在孩子2~3岁时出现；第二个叛逆期是成长叛逆期，在孩子7~9岁时出现；第三个叛逆期，也就是孩子人生中最长的叛逆期，即12~18岁青春期。

当孩子进入青春期之后，父母与孩子之间的相处就要及时进行调整，很多父母已经习惯了对孩子发号施令，却忽略了孩子在进入青春期之后更加要求平等，也忽略了孩子更想得到父母的尊重和认可。父母要随着孩子成长的脚步与时俱进，以更合适的方法与孩子进行沟通和交流，这样才能与孩子之间建立良好的亲子关系。

面对已经步入青春期的孩子，作为父母，我们还能记得孩子在刚刚出生或者是牙牙学语、蹒跚学步时的情景吗？回想起当时的情景，父母们一定能够再次感受到欣喜，孩子的每一个进步都带给父母很多的快乐。然而，随着孩子渐渐成长，父母对孩子的要求越来越高，对孩子的期望也越来越高。这使得孩子即使非常努力，也未必能够得到父母的认可，让孩子感到心力交瘁。父母应该理解孩子成长的压力很大，当孩子出现错误或者是某些地方做得不好的时候，父母应该像孩子小时候一样，给予孩子更多的支持和鼓励。还记得孩子学走路时的情形吗？父母会牵着孩子的手，弯下腰，耐心地陪伴孩子，一步一步地慢慢往前走。

即使孩子进入青春期，此时此刻已经健步如飞，但是依然需要父母的扶持。只是在这个阶段里，父母对孩子的扶持和帮助要改变一种方式。既然孩子各方面的能力都已经不断地提升，那么父母要学会对孩子放手，因为父母不可能陪伴孩子走完人生的全程，只有早早地对孩子放手，孩子才可能更快速地成长，使自己各方面的能力都得以提升。

有些父母担心孩子是否会因为没有父母的扶持而摔跤或者是磕倒，实际上这样的担心是没有必要的。孩子固然会因为父母撒手而摔跤，但是当摔了几次跤之后，他们就会走得越来越稳，走得越来越好。在面对人生的很多选择时，孩子也许不能考虑周全，但是如果结果是孩子可以承受的，为何不给孩子机会去亲身体验呢？所谓不经历无以成经验，对于孩子成长来说更是如此。

很多父母对孩子亦步亦趋，不愿意对孩子放手，偏偏青春期的孩子最大的愿望就是能够走向独立。父母们会明显发现，曾经孩子非常黏着父母，喜欢和父母一起玩儿，但是在进入青春期之后，他们不愿意再每时每刻都跟父母待在一起，而是更喜欢独自行动，或者和朋友、同学们在一起玩耍。这是孩子进入青春期之后一个非常明显的表现。

有一些父母抱怨孩子在进入青春期之后特别难以相处，其实父母如果能够理解孩子身心发展的规律和特点，就可以接纳孩子各种表现。毕竟对于孩子而言，他们终究要长大，所以父母要给孩子充满爱与自由的环境，让孩子能够快乐地成长。在和孩子相处的时候，尽量不要发生冲突，尤其是不要对孩子采取否定、打击的方式。面对青春期的孩子，如果父母能够做到和善坚定，并且经常鼓励孩子，那么就可以与孩子建立更好的关系，这样一来，家庭也就不会成为战区。

很多父母都沉迷在控制孩子的良好感受之中，在家庭生活中，他们扮演着高高在上的权威角色，总是对孩子指手画脚，发号施令。对于青春期的孩子来说，这是非常不合时宜的。如果作为父母，你迄今为止依然在用铁腕手段来控制和养育孩子，那么你与孩子的关系一定是剑拔弩张的。所谓的正面管教并不是放弃控制孩子，让孩子骄纵无度，而是能够与孩子相

互尊重，而且能够寻找到一种更合适的方式对待孩子，这样才能对孩子起到积极正向的引导作用。

孩子的成长是不可逆的，每一个孩子都不可避免地要长大。不管父母是否希望孩子快快长大，孩子都一步一步地在走向成熟。面对青春期的孩子，我们的首要任务是帮助他们为人生做好准备。不要觉得孩子还有很长时间才会长大。往往是在父母不经意之间，孩子就已经慢慢成长起来了。也不要因为孩子的成长而心急，因为孩子的成长有其内在的节奏，我们要尊重孩子的成长节奏。对于父母而言，突然改变教养的方式，以合理的方式管教孩子也许会很难，但是只要我们努力去做，坚持每一次都比前一次有所进步，也坚持反思，能够意识到自己哪些地方做得不好，需要完善，哪些地方做错了，需要改正，那么渐渐地，相信我们一定会成为和善的父母，对孩子施以正面的管教。

编著者

2020年10月

目录

进步啦！

第01章

孩子进入青春期，父母的管教方法要与时俱进

很多父母始终都把孩子当成那个必须依赖父母照顾才能成长的小婴儿。实际上，在父母不经意之间，那个小小的婴儿已经渐渐长大了，成为幼儿，成为儿童，成为少年，现在又走入了青春期。当孩子进入青春期之后，父母的管教方法必须与时俱进，才能符合孩子的身心发展规律，父母也才能与孩子更好地相处。

正确判断孩子进入了青春期

心理学家经过研究发现，大多数孩子的青春期在12~18岁，而实际上每个孩子的成长情况是不同的，因而进入青春期的时间也是不同的。很多父母一听到青春期就如临大敌，不知道应该如何与青春期的孩子相处，也不知道应该以孩子怎样的表现作为对青春期的界定。实际上，父母只要用心地对待和观察孩子，就可以根据孩子的各种表现及孩子释放出的明显信号，判断出孩子是否已经进入了青春期。

有的父母之所以不愿意接受孩子已经进入了青春期的事实，是因为他们觉得孩子的表现与自己想象中的青春期孩子的表现是不同的，这样先入为主的概念会影响父母的判断。其实，每个人都是独立的生命个体，孩子也是如此。孩子是极具个性的，所以父母不要把那些放之四海而皆准的标准套用到孩子身上。父母应该了解孩子的脾气品性、身心发展特点，以及兴趣爱好等，这样才能根据现实的情况对孩子进行判断，知道孩子何时进入青春期，知道孩子何时选择独立地面对生活。

乐乐刚刚过了12周岁的生日，就进入了初一阶段紧张忙碌的学习之中。初一的开始和青春期的开始恰好是重叠的，对此妈妈感到很紧张，因为初中的学习生活和小学相比是不同的，孩子与同学和老师的相处方式与小学阶段也截然不同。又加上青春期悄然而至，妈妈很担心乐乐会出现情绪上的波动，也一直在用心地观察着乐乐何时会正式进入青春期。

有的时候乐乐心情不好，妈妈就草木皆兵，暗暗对自己说：“孩子进入青春期了，所以情绪变得这么不稳定。”实际上，妈妈并没有找到更明显的特点来界定乐乐是否真的进入了青春期。直到有一天，乐乐放学回家对妈妈说："妈妈，我想要一瓶摩丝，你给我买吧。"听到乐乐的话，妈妈非常惊讶，要知道乐乐平时可是有一些小懒惰的，他不愿意洗澡，不喜欢洗头，必须妈妈催促他，他才会去做这些事情。但是现在他居然需要一瓶摩丝，妈妈忍不住笑道："摩丝可不能抹在脏兮兮的头上。你想用摩丝，必须每天早晨都洗头。"妈妈原本以为乐乐会知难而退，没想到乐乐毫不迟疑地说："当然，我每天早上都会洗头，我头一天晚上还会洗澡。"

看到乐乐突然有了这么大的转变，妈妈感到很惊讶。后来，妈妈对爸爸说起乐乐的变化，爸爸对妈妈说："你可别高兴得太早了，这说不定意味着孩子有情况了呢，例如早恋。"妈妈对爸爸的揣测很不高兴，说："说不定孩子就是长大了，知道爱美啦，未必就是早恋。"后来，爸爸妈妈一直很用心地观察乐乐，发现乐乐果然每天早上都早早起床，把头发洗干净再打上摩丝。虽然他们对于乐乐这样的举动并不赞同，但是也不反对。后来，他们确定乐乐并没有早恋，这才意识到乐乐从此正式进入了青春期。

每个孩子进入青春期的表现都是不同的，有些孩子在青春初期时情绪会极其不稳定，这是一个非常明显的进入青春期的讯息。在事例中，乐乐进入青春期的明显表现就是变得注重个人形象，变得更爱美了。在青春期，很多孩子都会对异性表现出更浓郁的兴趣，也想要获得异性的好感，这与他们在小学阶段和异性同学之间很少玩耍，只喜欢和同性玩耍是截然不同的。

父母要把自己家十几岁的孩子与其他人家十几岁的孩子区别开来，也要把真实的十几岁孩子与自己想象中的十几岁孩子区别开来。当知道孩子进入了青春期之后，父母应该放下自己的标准，更尊重孩子的选择，父母要相信自己对孩子的感觉和判断，而不要套用那些公式。这是因为在进

入青春期时，绝大多数孩子都会有一些不同寻常的表现，如果父母足够细心，就能够捕捉到这些表现。孩子在进入青春期之后，因为对异性懵懂的喜爱会出现早恋的苗头，虽然早恋是不合时宜的，会影响孩子的学习，但是符合孩子身心发展的规律和特点。所以父母无须对此勃然大怒，而是应该尊重孩子，以正确的方式引导孩子。

当然，养育一个十几岁的孩子并不是一件简单容易的事情，和小时候只需要满足吃喝拉撒等生理需求不同，青春期的孩子既需要满足心理需求，也需要满足情绪和感受方面的需求，所以父母要跟随孩子成长的脚步，和孩子一起进步，也采取新的方式来对待青春期的孩子，这样才能跟上孩子成长的节奏。

养育十几岁孩子，你要承受压力

对于人生中的各种特殊时期，我们都还有着深刻的印象和牢固的记忆。例如，父母提起孩子的青春期就会倍感压力，而孩子提起父母的更年期也会提心吊胆，这就是不同年龄段的人对于处其他年龄阶段的人怀有的陌生感觉，以及由此而感受到的压力。

什么是压力呢？从心理学的角度来说，我们理想的生活与现实的生活之间的差距越大，我们感受到的压力也就越大；反之，差距越小，我们感受到的压力也就越小。如果我们在现实中的生活能够完全符合理想，那么我们就会心情愉悦。虽然这样的压力与我们平时所感受到的压力是不同的，但是我们在此所谈论的压力的确是由于各种想法而产生的。

对于孩子的青春期，每个父母的感受也是不同的。有的父母觉得孩子的青春期很顺利地就度过了，甚至没有感受到孩子进入了青春期；有的父母却认为孩子在青春期闹得很凶，每天甚至都不敢和孩子说话，生怕会触动孩子的某一根心弦。这样截然不同的表现是由父母对孩子的想法而形成的。实际上，每个孩子在青春期都会有一些不同的表现或者是变化，如果父母能够怀着坦然的心境去面对，也能够给予孩子更好的引导和帮助，孩子就会度过得更加顺利。反之，如果父母不能怀着坦然的心境去面对，甚至对孩子剑拔弩张，那么与孩子之间的关系就会特别紧张，与孩子发生的一些矛盾也就无法消除或者缓解。

有些父母对待青春期的孩子战战兢兢，如履薄冰，常常不敢跟孩子说话，这样的过度紧张也会给孩子带来很大的压力，使孩子不知道如何与父母相处。从心理学的角度来说，对于青春期的孩子，父母固然要有所了解，也要未雨绸缪地做好相处的准备工作，但是却不要如临大敌，而是要以普通的心态面对孩子，给予孩子更好的引导和更多的帮助。

父母首先要摆正心态，意识到有压力是正常的，而不要认为这种压力是异常的，因而对压力产生排斥和对抗的心理。我们需要以各种方式来减轻自己的压力，例如采取运动的方式或者进行深呼吸，也可以进行一些娱乐活动。这些方式只要没有危害，就都是可取的。

父母在养育孩子承受压力的过程中，还应该学会以更好的方式与孩子沟通，这样就能更好地对孩子进行教育和引导，从而使压力减轻。

对孩子过度的期望，也会给父母很大的压力。父母应该对孩子适度期望，毕竟每个人的能力都是有限的，孩子的天赋、接受教育的程度以及家庭环境、成长背景等都是不同的，我们不要强求孩子必须出类拔萃，只要孩子能够发挥自己的能力，争取做到最好，对于孩子而言就已经足够了。

为了缓解压力，父母还可以采取倾诉的方式，例如，可以把自己的压力告诉一些朋友，或者是把自己的压力写在日记本上。在家庭生活中，为了促进与孩子的沟通，还可以准备一个亲子日记本。所谓亲子日记本，指的是亲子共用的日记本，孩子可以把自己的心声写在日记本上，父母也可以把自己的烦恼写在日记本上，每个人都可以看其他家庭成员所写的内容。重要的是在阅读日记之后，除非对方需要，不要给对方太多的反馈，而是要借助于这样的方式理解对方。尤其是当发现自己并不认可或者不能接受对方的想法时，不要当即与对方发生争执和吵闹，而是要寻找合适的方法解决问题。

人活着就一定会有压力，压力总是与我们如影随形。父母承受的压力往往更大，因为父母不但要做好自己的工作，要兼顾家里的家务活，还要养育孩子，特别是在面对生活中很多突如其来的事情时，父母还要能够为孩子支撑起一片晴空，所以父母的压力是可想而知的。父母应该学会控制自己的情绪，宣泄自己的负面情绪，消除和缓解自己的压力，这样才能给孩子更好的对待，也能够以正面的形象出现在孩子面前。

有的父母对于孩子不满意，认为孩子不能达到自己的期望，所以会感到很大的压力。在这样的情况下，父母要认识到一点，那就是孩子正处于成长和发展之中，他们此时是这个样子，并不代表他们永远都是这个样子。父母要以发展的眼光看待孩子，这样不但能够对孩子适度期望，也能够帮助自己缓解压力。

每个人因为所扮演的生活角色不同，所承受的压力也是不同的。父母在有压力的同时，应该想到孩子也会有压力，因而能够与孩子互相理解、互相支持和互相鼓励，而不是对孩子各种抱怨和指责，甚至批评和否定孩子，这样只会让孩子感到信心全无，感到无力。显然，如果孩子因为放弃自己而表现得更加糟糕，那么父母的压力就会更大。由此可见，亲子相处只有相互陪伴，相互促进，相互成长，才能进入良性循环的状态。

以发展的眼光看孩子，帮助孩子进行自我身份定位

前文我们说过，父母面对孩子之所以感到有压力，是因为父母对孩子怀有过高的期望，而孩子的表现并不能够让父母满意。父母要想缓解自身的压力，就应该对孩子适度期望，要认识到十几岁孩子的现在并不意味着永远。孩子正处于不断成长和发展的过程之中，随着自身能力的持续提升，他们各方面的表现都会越来越好。父母要戒掉焦躁的心态，要能够更耐心地对待孩子，也让孩子遵循自身的节奏去成长。

如果父母常常因为着急或者是对孩子看不惯，就否定和打击孩子，那么父母的评价对孩子的影响就会很大，孩子就不能进行自我身份定位；如果父母经常给孩子贴上负面标签，还会打击孩子的自信，使孩子不相信自己能够在各个方面都表现得非常好。显而易见，这对于孩子的负面影响是很大的。

每天吃完饭，乐乐把自己吃过饭的碗留在桌子上，然后就离开餐桌去做作业，或者是看书，或者做其他的事情。看到乐乐这样，妈妈感到非常厌烦。妈妈不止一次提醒乐乐："吃完饭要把脏碗放到水池里。如果没有着急的事情做，还要把脏碗都洗刷干净。"对此，乐乐很不以为然。

在妈妈的唠叨之下，乐乐终于记得把用过的碗盘放到水池里，但是他却不愿意洗刷碗盘。妈妈原本以为自己可以帮助乐乐洗刷，但是在做这些事情的时候，她却牢骚满腹：乐乐已经长大了，却还不能照顾自己，将来飞出了家，可怎么过啊！对于妈妈的抱怨，爸爸不以为然地说："船到桥头自然直。孩子长大了，就会做很多事情了。"为此，妈妈还跟爸爸争执了几次，说孩子从小养成的习惯将会影响他们的一生。

几年之后，妈妈就改变了自己的想法。乐乐上高中开始住校了，妈妈原本以为乐乐在住校之后会非常邋遢，不知道给自己洗衣服、洗澡，也

不知道收拾自己的物品。乐乐的表现让妈妈大吃一惊：在整个宿舍里，乐乐被评选为宿舍长，就是因为乐乐非常干净整洁，能够把自己的床铺和各种用品都收拾得整整齐齐，而且能够把宿舍的卫生也打扫得非常好。看到乐乐居然摇身一变成为劳动模范和文明标兵，妈妈感到难以置信。这个时候，爸爸对妈妈说："看吧，我就说船到桥头自然直，孩子十几岁的时候也许表现得并不好，但是只要再给他几年的时间，他就会成长起来。关键是，我们作为父母必须有足够的耐心呀！"

因为有乐乐的现实表现作为证明，所以妈妈对于爸爸的话无法反驳，她无声地笑了笑说："但愿如此吧，希望乐乐会表现得越来越好。"

很多父母在面对十几岁的孩子时都特别焦虑，他们认为孩子已经长得和自己差不多高，甚至比自己更高了，很多事情都理所当然应该做得更好，但是孩子的表现却不能让自己满意。为此，他们就对孩子怨声载道。实际上，十几岁的孩子只是身高长得很高而已，他们的内心并没有达到完全的成熟。在青春期里，孩子因为自我意识的觉醒，所以更想探索自己与他人的不同，探索这个令人感到新鲜好奇的世界。在此过程中，他们实现了个性化。等到孩子们对自己有了一定的了解，他们就会更加关注其他事情。

青春期孩子的个性化一般从十岁左右开始，有些孩子进行得比较晚，会在18岁前后才开始。当然，也有人从未进行过个性化，这对于孩子的成长是很不利的。那么，孩子如何进行个性化的发展呢？首先，孩子要搞清楚自己是谁，对自己进行身份定位。很多孩子在个性化的过程中做出的一些举动往往带有叛逆的意味，甚至还试图影响父母的家庭观念、价值观念，这会让父母与孩子之间发生冲突。遇到这种情况，父母要学会尊重孩子，把孩子看成家庭的主人，给予孩子表达意见的权利。必要的时候，如果孩子的意见是合理的，父母还应该尊重孩子的意见。

此外，青春期的孩子身心都在经历着巨大的变化，他们不再像以前那

样依赖父母，而是更渴望独立，所以他们与同龄人的关系会更加亲密。他们在这个阶段会有一些自以为是的表现，认为自己已经长大了，拥有很强大的力量，所以试图运用自己的力量去解决问题。而实际上，他们还缺乏人生经验，还需要父母的引导和帮助。

青春期的孩子有很强的隐私意识，他们不喜欢父母窥探他们的事情，而是想要保留自己的隐私。父母要充分尊重孩子。有一些父母会偷看孩子日记或者检查孩子的手机，这些都是不好的行为，常常会让父母和孩子都感到尴尬，有些孩子还会因此而与父母反目成仇。总体来说，十几岁的孩子自以为无所不能，无所不知，他们常常会表现出非常骄傲自满的一面，所以我们应该与孩子之间有更好的互动，也为孩子提供更多的帮助。我们还要以发展的眼光看待孩子，陪伴孩子更快乐地成长。

在孩子进行自我身份定位之后，他们就会渐渐地形成自我认知。父母要知道，父母的评价对孩子自我认知的形成是至关重要的。有一些孩子并不具备认知自我的能力，他们往往会把父母对他的评价拿来使用，作为对自己的评价。由此可见，如果父母对孩子的评价过高，经常说一些泛泛的话来赞扬孩子，那么孩子就会自我感觉良好。反之，如果父母对孩子的评价过低，总是给孩子贴上负面的标签，那么孩子就会对自己失去信心，把自己变成父母所说的那个样子。显然，这两种结果都不是父母想看到的。所以在对孩子进行评价的时候，父母一定要进行慎重的思考，要客观公正，且以激励为主，这样孩子才能渐渐地成长为父母所期待的样子。

总而言之，随着孩子进入青春期，父母与孩子之间的关系不会再像之前那么亲密无间。父母要学会接受这一点，在与孩子相处的过程中切勿急于求成或者急功近利，而是要坚持以发展的眼光看待孩子，帮助孩子进行自我身份定位，也引导孩子形成正确的自我认知，这样孩子才能对自己有正确的认识，也才能快乐地成长。

青春期的孩子正在经历身心巨变

随着青春期的到来，孩子们在身体和情感方面都在经历巨大的变化。孩子们的身体越来越成熟，性发育也变得更加快速。在此过程中，他们所经历的生物学过程，是任何人都无法控制的。不管孩子或者父母主观的意愿是什么，生命就这样高速向前发展着。那么，因为成长发育的速度很快，孩子会感受到一种躁动不安和矛盾的涌动。一些孩子因为发育过快而觉得很尴尬，无法面对，也有一些孩子因为生长发育处于滞后的状态，比起同龄人来又瘦又小，又会感到很自卑。总而言之，对于自身的变化，孩子们各自有各自的感受，父母虽然在主观上希望孩子身体成长发育更快一些，或者是相对慢一些，但是孩子的成长是不以任何人的意志为转移的。

在快速成长发育的过程中，孩子体内的荷尔蒙会发生突然而强烈的变化，这使得孩子们的情绪也变得反复无常，会出现一些波动。这并非是孩子在主观上所能决定的，而是由于他们的生理条件变化引起的，所以孩子们往往很难控制这种变化。父母面对青春期的孩子，常常会感到困惑，他们不知道孩子为何前一分钟还高高兴兴，心情愉悦，下一分钟就变得沮丧、懊恼、态度蛮横。在这样的情绪变化之中，往往没有任何预兆可以让父母先做好心理上的准备。对此，不但父母会感到无所适从，孩子本身也非常苦恼，他们压根不知道自己为何会这样突然晴朗，突然阴雨，心情反复不定。

因为生长的速度实在是太快了，所以有些孩子在身高快速增长的情况下，会经历生长痛。生长痛，就是孩子因为身体快速成长而引起的疼痛，这种疼痛的感觉是实实在在的。有一些孩子因为生长痛会抱着腿不停哭泣，也有一些孩子因为生长痛会特别烦恼，那么在这样的情况下，父母应该想方设法地给孩子提供更充足的营养，为孩子尽量减少疼痛。例如避免

剧烈运动，给孩子多喝牛奶等含钙量高的食品，为孩子提供营养均衡的饮食，让孩子的身体摄入充足的营养。这些都能够帮助孩子缓解生长痛。

在青春期，孩子的大脑也会经历第二次发育。如果孩子只是身体上越来越接近于成年人，但是大脑却依然非常稚嫩，那么孩子的发展就是不均衡的。在荷尔蒙的促进下，孩子的大脑会产生强大的力量，例如孩子们的很多思想会向着成年人靠拢，他们在经历了青春期的情绪冲动之后，渐渐地会意识到控制自身的情绪是非常重要的。在这个阶段，他们的思想会渐渐趋于成熟。

整个青春期维持的时间是比较长的。在青春初期，孩子们的表现是冲动易怒，很喜欢冒险，不愿意听从他人的意见；随着青春期的不断推进，孩子们的身心都在经历成长，他们会变得更加成熟稳重。每个父母都希望孩子能够身心健康地成长和发展，那么就要知道孩子的成长是一个循序渐进的过程，孩子每个方面的发展都需要经历一定的时间，所以父母要给予孩子更好的帮助，这样孩子才会从容地面对成长。

大多数父母都知道，当孩子处于青春期快速成长的时候，要为孩子提供均衡充足的营养，但只有少部分父母意识到，当孩子处于青春期时，父母要为孩子打造良好的形象。有些孩子在一年的时间里身高就会长得很高，所以他们的衣服会显得很小。有些父母为了省钱，让孩子继续穿着比较小的衣服，显得捉襟见肘，特别影响孩子的形象，也会使孩子感到很自卑。父母应该为孩子提供合体的衣服，这样孩子才能保持自信。

青春期孩子很明显的一个变化，就是他们认为与同龄人之间的关系是比家庭关系更重要的。很多父母都无法适应这一点。孩子从呱呱坠地开始就依赖父母的照顾而生存，父母理所当然地认为孩子与父母应该是最亲近的，而且认为孩子应该最看重父母。然而，现实的情况是，当孩子进入青春期之后，他们就会喜欢与同龄人在一起，而不喜欢经常与父母在一起。

有些孩子很喜欢融入同龄人的群体，他们甚至为了得到同龄人的接纳而去做一些自己认为不正确的事情。这其实是孩子寻求身份认同的表现。他们害怕孤独，不喜欢失败，当在群体之中的时候，他们身边有陪伴者，即使失败了，也不会感到尴尬和自卑，这使得孩子们没有时间去反思与父母之间的关系，也让他们更加看重自己。

从心理学的角度来说，孩子更看重与同龄人的关系，这对于他们与家庭分离，渐渐地走向独立是有好处的。但是，偏偏有很多父母不愿意孩子与家庭分离，也不希望孩子与那些朋友们在一起。因为他们害怕不再被孩子需要，也担心无法面对孩子的拒绝或者叛逆。其实父母应该对此怀有坦然的心境，要认识到孩子个性化的过程并不是针对父母而产生的，而是孩子成长中的必然经历。父母不要试图通过与孩子抢夺权力来掌控孩子。虽然父母在很长一段时间内都在为孩子主宰着一切，但是当孩子渐渐成长，父母就要学会把这种权利交还给孩子，这样孩子才能更好地成长。在此期间，如果父母能够及时调整心态，把自己和孩子当成朋友，尊重和平等对待孩子，既能够向孩子敞开心扉，也能够赢得孩子的信任，走入孩子的内心，了解孩子真实的想法，这显然是更为理想的亲子关系。

在孩子交往朋友之后，父母还要尊重孩子的朋友。有些父母对孩子面面俱到地管束，认为孩子不管做什么事情都要听从父母的指导，认为孩子不应该和那些学习不够优秀、表现不够突出的同学交往，而是应该和那些品学兼优的同学交往。实际上，每个人身上都既有优点，也有缺点，孩子之所以选择和一个学习成绩不那么好的同学交往，一定是因为那个同学与孩子有一些共同点，或者是有某些东西吸引了孩子。父母如果否定孩子的朋友，就会让孩子感到很沮丧。父母可以试想一下，即使现在我们还能监管孩子交往什么样的朋友，等孩子长大了，走上社会，我们还能对他们的一举一动都了然于心吗？

既然如此，我们一则要监督孩子不要与社会上的闲杂人等交往，二则要鼓励孩子多交朋友。任何人都不能取代同龄人在孩子成长中的重要作用，即使父母怀着一颗赤诚之心与孩子相处，也无法取代同龄人对孩子起到的重要作用。父母要认识到，友谊对孩子的成长起到了滋养作用，也要认识到朋友的陪伴是孩子在成长过程中必不可缺的生命养料。

尊重孩子的隐私

作为从小就精心照顾孩子成长的父母，当孩子长到十几岁，你会面对很多难以理解的事情。你不能理解孩子为何会对你关闭心扉——他们有了事情不愿意告诉你，却愿意和身边的同学朋友说；现在因为网络普及，所以孩子们的表现让父母更为惊诧，那就是他们会通过各种社交软件来发布自己的想法和情感，甚至是情绪的波动，但是不愿意把最应该第一时间了解自己的父母列为倾诉对象。

很多青春期孩子都把隐私权挂在嘴边，他们生怕父母会窥探他们的内心，通过各种方式了解他们真实的想法。难道孩子的隐私权只是针对父母而言的吗？如果他们能够把自己的一切都昭告世界，为什么不能告诉父母呢？事实上，当他们真正遇到问题的时候，只有父母才是他们最坚实的后盾。很多父母将孩子的这种行为理解为非理智的行为，其实父母完全无须对孩子的行为感到不理解，而只需要换转换一下自己的角色，不要再作为高高在上的父母询问孩子的所思所想，而是可以成为他在社交软件上的一位好朋友。这样一来，即使父母不刻意地询问，孩子也会愿意把自己的心事与父母分享。由此可见，父母与孩子之间的隔阂之所以产生，并不在于孩子不愿意和父母沟通，而很有可能是因为父母没有找到合适的方式与十几岁的孩子友好相处。

前文说过，十几岁的孩子身心都处于快速的发展之中，这种发展并不以孩子或者父母的意志而转移。任何人都无法控制孩子，面对孩子似乎在一夜之间窜高的个子，似乎在一夜之间就变得明显的第二性征，如果父母总是盯着孩子看，孩子会感到特别尴尬。大多数孩子在此期间既为自己的成长而感到高兴，也感到非常困惑，他们很想知道自己应该更看重哪些东西，他们也很想以独立的身份去参与一些事情。当然，他们心知肚明父母对于他们做的有些事情是不支持的。为了避免遭到父母的反对，或者为了给自己减少麻烦，他们会想出一些办法来做这些事情。即使父母不允许，只要他们认为是对的，也会固执地坚持去做。对于孩子这样的心态，明智的父母会适度地给孩子放权。父母即使认为有一些事情是不能做的，但是只要孩子做了之后不会引起很严重的后果，那么父母就会允许孩子去做。毕竟很多事情都需要亲自去经历和体验，孩子才会有更多的人生感悟。如果父母总是未雨绸缪，帮助孩子把一切事情都想在前面，也让孩子尽量少做一些事情，那么孩子就会感到特别被动，生长也会缺乏动力。

人们常说，不撞南墙不回头，实际上让孩子适度地撞一撞南墙，对孩子的成长是很有好处的。当然，因为青春期的懵懂和冲动，孩子会做出一些出格的事情，例如有些孩子为了融入团体，就和其他孩子一起去网吧、歌厅等比较混乱的场所，甚至做一些违反法律的事情，接触黄赌毒等。对于这样的孩子，父母应该加强对他们的思想教育，让他们知道哪些事情是对的、哪些事情是坚决不能做的，这样孩子才会明确行为的边界。

还有一些孩子会借助于网络的便利偷偷地看一些成人电影，接触不良信息。对于孩子这样的行为，父母可以以适当的方式对他们进行性教育，告诉他们有关性的知识，这样他们就不会对性感到特别好奇。

一些孩子会把自己的心事和烦恼写在日记里，或者是发布在一些社交软件上。对于孩子这样的举动，父母不要采取窥探的方法侵犯孩子的隐私，而是可以把自己真正变成孩子的朋友，和孩子进行更好的沟通和交流。其实，一切的家庭教育都应该以沟通为基础，如果没有沟通，那么家庭教育就无法开展。父母要认识到这一点，不管与孩子之间如何相处，都要认识到孩子是需要尊重和平等对待的，也要认识到父母必须走入孩子的内心，才能了解孩子的思想动态，也才能够更好地保护和引导孩子。

有些父母会发现，孩子在进入青春期之后，原本非常真实坦率的他们却开始学会撒谎。对于孩子撒谎的行为，有些父母觉得无法容忍，甚至认为孩子的品质出了问题，因而批评和否定孩子，甚至惩罚孩子。父母要知道，大多数孩子之所以撒谎，并不是出于恶意，而是出于自我保护的意愿。孩子们知道自己说出真相会让父母生气，他们也不想因此而被父母责骂和批评，所以就会采取隐瞒的方式。与此同时，他们又不愿意放弃自己的想法，所以他们便瞒着父母去做一些事情，这样既不伤害到父母的感情，又坚持了自己的想法和主见。他们认为这是一举两得的好做法。不管孩子是出于自我保护还是为了不伤害父母的感情而撒谎，当得知孩子撒谎的时候，父母都要以理解的态度去面对。当孩子恶意撒谎，伤害了他人，父母就要对孩子采取严厉的措施。

父母只有了解孩子撒谎的动机，才能让孩子感到安全，孩子才会愿意把自己的心声向父母吐露出来。大多数人都知道说真话会受到责备，所以很多人都不喜欢说真话，成人尚且如此，更何况是孩子呢？趋利避害、自我保护是人的本能，孩子也很明白这个道理。为了帮助孩子改掉撒谎的坏习惯，父母还应该对孩子真诚坦率。有些父母在面对孩子的时候也会刻意地隐瞒一些事情，或者以撒谎的方式善意地欺骗孩子，这也会给孩子造成负面的影响。

很多父母一想到孩子已经开始有了自己的隐私，即使有心事也不愿意告诉父母，就会感到很害怕，很恐惧。实际上，父母的担心是多余的，因为孩子随着成长必然会有隐私，也会想要保护自己的隐私。这并不意味着孩子品质恶劣，反而意味着孩子在成长方面有了很大的进步。也可以说，孩子有隐私，标志着孩子的成长进入了人生的新阶段。

父母要学会适应自己在孩子成长过程中扮演的新角色。如果说在孩子小时候，父母要事无巨细地帮助孩子，甚至代替孩子，那么当孩子进入青春期之后，父母就要对孩子放手，而且要把孩子看作是独立的生命个体，要尊重孩子的各种想法和主见。也有一些父母想通过每时每刻都监管孩子，来避免孩子做一些不好的事情。其实，只靠着看守孩子是不能阻止孩子做坏事的，父母不管多么警惕，也不可能一天24小时都陪伴在孩子的身边，孩子在出门的时候总能找到各种机会做自己想做的事情。所以，父母最重要的是引导孩子形成正确的思想观念、是非观念，这样才能让孩子自主地管理好自己，这才是根本性的解决方案。

当然，了解孩子对于开展家教是非常有必要的。如果父母与孩子之间没有良好的沟通，那么孩子有什么事情都不愿意告诉父母，父母也不能把自己的教育观念传输给孩子，则父母与孩子之间的教育通道就会彻底被阻隔。父母要与孩子建立和善而坚定的关系，让孩子知道自己不管遇到了什么难题，不管遭遇了怎样的事情，都可以去依靠和求助于父母，也相信父母是非常爱自己的。对父母而言，孩子本身才是最重要的，父母只有牢记这一点，也以此为原则教育孩子，孩子才能获得安全感，在需要的时候向父母求助，也得到父母及时有效的帮助，从而健康快乐地成长。

不要激发孩子的叛逆心

看到这篇文章的标题，相信很多父母都会喊冤叫屈：我们怎么会激发孩子的叛逆心呢？我们盼望着孩子不要那么叛逆，顺利地度过青春期；我们希望和孩子继续保持和善友好的关系。的确，理想总是丰满的，现实却是骨感的。我们只有掌握正确的方法，才能够更好地与孩子相处。不得不承认的是，很多父母因为不了解青春期的孩子，不知道如何与青春期的孩子相处，所以常常会在无意之间激发起孩子的叛逆心，煽动起孩子心中的叛逆之火。

孩子们大概在12岁前后进入青春期，青春期会维持到18岁左右才渐渐结束，这也就意味着孩子的叛逆期会维持6年左右的时间。对于孩子在这个期间的表现，父母要给予充分的理解和尊重。父母要知道叛逆是个性化的一部分，如果孩子从来没有经历过叛逆，而和小时候一样对父母言听计从，那么就意味着孩子没有发展自己的个性。如果孩子在整个青春期都没有发展个性，那么他们长大之后在学习上的表现也是令人堪忧的。有一些父母会小题大做，在面对青春期孩子的时候非常紧张，这会让孩子也受到一定的影响，感到焦虑不安。

有一些孩子的青春期会延迟很长的时间。如果他们在整个青春期内没有完成个性化的发展，他们甚至会在成年之后继续叛逆。为了避免与孩子在青春期发生严重的矛盾和冲突，使很多问题不可解决，父母应该和善而坚定地对待孩子，引导孩子更健康快乐地成长。这样孩子即使叛逆，也能够与父母保持沟通，即使有主见，坚持自己的想法，也不会走向极端。显而易见，这才是一种更为平衡的青春期的亲子相处状态，这对孩子的成长是大有裨益的。

有些父母对于孩子这种正常的成长过程是不接纳的，他们认为孩子就应该听父母的话，也认为自己既然生养了孩子，就有权利对孩子指手划脚。父母虽然养育了孩子，孩子也是因着父母才来到这个世界上，但是孩子并不是父母的私有物，更不是父母的附属品。父母只有把孩子当成独立的生命个体去看待，尊重孩子的个性发展，孩子才能成长得更好，也才能顺利地度过叛逆期。

面对青春期，父母的紧张焦虑会给孩子带来负面的影响，让孩子的心里也绷紧了一根弦。父母首先应该放松心态，坦然地面对孩子的青春期。虽然孩子处于青春期，但是这几年特殊的光阴对于孩子来说是正常的成长阶段。当然，与此同时，父母要知道青春期的孩子正在为何而感到困惑，他们试图弄明白什么。

很多青春期的孩子对于自己都没有正确的定位，对于生命的探寻也更加迫切。父母如果能够理解孩子的焦虑感来自哪里，就会更加理解孩子们的表现，也能够更加轻松地对待孩子。当父母能够放松，孩子也会觉得心情轻松；当父母接待孩子，相信孩子的表现不是出于恶意，也能够给予孩子更好的引导和帮助，那么孩子就能够更顺利地度过青春期。

孩子的成长是一个长期的过程，需要循序渐进地进行，父母要专注于长期的教育，要关注孩子的成长，而不要只是盯着孩子的学习。现代社会，亲子关系之所以紧张，就是因为父母对孩子的学习和成长寄予了过高的期望，而孩子却更希望能够遵循自己的节奏去成长。当父母与孩子处于对立的状态，或者导致彼此交恶，父母的引导就会对孩子毫无作用，父母对孩子的帮助也会毫无作用。父母应该成为十几岁孩子的引导者，能够在孩子需要的时候给予孩子及时有效的帮助，这才是孩子在成长过程中真正需要的。

那么，要想避免激发孩子的叛逆心，父母除了要发自内心地尊重和平等对待孩子以外，在与孩子相处的时候也要掌握一些好的方式和技巧，从

而做到和善，坚定地养育孩子，也才能让孩子减少叛逆，更愿意与父母配合，更愿意向父母求助。

首先，父母不要否定或者是过分批评孩子，更不要打骂孩子。青春期孩子的自尊心是很强烈的，他们有的时候明知道父母说的是对的，却不能接受父母说教的方式，因而就会故意与父母对着干。有些父母在被孩子气昏了头的情况下，往往会说出一些讽刺羞辱孩子的话，这样一来，就会更加伤害孩子的内心，使孩子更加叛逆。一旦确定孩子进入了青春期，父母就要改变与孩子沟通的方式，要能够像对待朋友一样对孩子温言细语。即使孩子在某些问题上非常固执，父母也要帮助孩子做好自己。对于孩子所犯的一些错误，父母不要过于紧张，更不要把自己与孩子处于对立面，而是可以换一个角度，怀着轻松愉快的态度看待孩子的种种表现，与孩子进行愉快的交流。

其次，父母不要从自己的成长经验出发，判断孩子成长过程中出现的一些问题。很多父母动辄就会说自己小时候怎么样。时代在发展，社会在进步，大多数父母与孩子之间的年龄差在25岁之上，这就意味着父母小时候的很多经验放在现在已经完全落伍了。既然时代已经变化了，父母们也要以更新的教育观念对待孩子，对于很多事情的看法和见解也应该跟随时代的潮流，这样才能说服孩子，也才能给予孩子有效的引导。

再次，父母要始终牢记，孩子毕竟是孩子，虽然孩子已经十几岁了，看起来身高和父母差不多，甚至有些孩子身体发育得比较快，已经比父母更加高大强壮了，但是他们的内心依然是不成熟的。有些父母会在无意之间把孩子当作成年人来对待，认为孩子理应对很多事情负责，实际上孩子还没有真正成年，还需要父母的监管。这就意味着，父母依然要对孩子承担起责任，而不要对孩子提出成人的要求。如果父母总是否定孩子，认为孩子做得不够好，那么孩子就会做得更糟糕。父母只有多多鼓励孩子，激励孩子，支持和帮助孩子，才能促使孩子提升信心，让孩子表现得更加出色。

必要的时候，父母应该怀着赤子之心。所谓怀着赤子之心，就是不以自己的经验来对待孩子，而是让自己进入孩子的内心世界，理解孩子的各种想法，这样对于孩子而言才是更好的交流体验。

最后，要时常反思自己的言行举止，避免激发起孩子的叛逆心理。正如我们前文所说的，要尊重孩子的隐私，也要尊重孩子的朋友。如果父母触犯了这些界限，就会激发起孩子的逆反心理，使孩子故意与父母对着干。其实，父母常常抱怨孩子不够尊重父母，那么父母是否首先尊重了孩子呢？在孩子犯错误的时候，父母不要严厉地惩罚孩子，而是应该给予孩子改正错误的机会，引导孩子进行深刻的反思。如果过于严厉地惩罚孩子，会让孩子对父母采取隐瞒的态度，还有可能让孩子偏偏与父母对着干，这些都是父母所不愿意看到的。

每个父母都应该认识到和十几岁孩子的关系是非常重要的，孩子一生都会受到这段关系长远的影响。而且这样的关系也是非常宝贵的，我们应该看重这样的关系。虽然每个父母的工作都很忙碌，还要照顾家庭，但是一定要抽出时间坚持学习，把自己从一个不够优秀的父母打造成和善坚定的父母，这不但是对自身、对孩子负责的表现，也是对自身的提升。

换而言之，当父母能够与青春期的孩子好好相处，那么他们在与其他人相处的时候，也就会更加游刃有余。大多数人都认为青春期的孩子是很难相处的，如果我们已经爬过了最高的山，那么再爬其他山时就会觉得很轻松。所以父母不要认为当和善坚定的父母只是为了养育孩子，这更是自身的成长。当我们能够与青春期的孩子顺畅地沟通，也能够与他们处理好微妙的亲子关系，那么我们在社会生活中就会更加从容。

十几岁的孩子往往状况百出，会做出各种让父母大跌眼镜的事情，甚

至会给父母带来很多麻烦。例如有些孩子会逃课，他们不喜欢学习，借着上课的借口去外面玩儿，还故意隐瞒父母；也有的孩子在回到家里之后不愿意和父母沟通，总是把自己锁在房间里，不知道在干什么，还不允许父母进入他们的房间；有的孩子小时候喜欢和全家人一起度假，现在却拒绝和家人一起度假，而更喜欢自己出去玩儿，或者是和同学一起出去玩儿；还有很多孩子喜怒无常，前一刻还是晴天，万里无云，后一刻就阴云密布，瓢泼大雨；有些孩子非常懒惰，只做自己喜欢做的事情……青春期孩子的这些行为举止都会让父母感到特别着急，他们希望孩子能够表现得更好，也希望孩子能够让他们满意。

那么，面对孩子这些不良的举动或者是不能让父母满意的表现，父母该怎么做呢？父母一定要保持淡然，努力地给孩子起到好的榜样作用，对孩子进行言传身教，也要把话说到孩子的心里去，打动孩子的心，这样才能让孩子愿意听父母说话。既然我们已经知道青春期的孩子是很叛逆的，那么就要在与孩子相处的时候尤其注重这个方面，这样才能尽量缓解孩子的叛逆，与孩子建立彼此尊重和信任的亲子关系。

第02章

学习正面管教，坚持正面管教

说起正面管教的概念，很多父母都对此感到很陌生。他们认为自己天然形成的教育方式就是最好的教育方式，他们认为自己随着孩子的出生升级为父母之后就能够成为合格且优秀的父母。实际上，自然升级的父母并不一定合格且优秀。在教育孩子过程中，父母必须控制好自己的情绪，坚持给予孩子适度的教育，这样才能引导孩子保持在成长的正轨之上。所谓正面管教，就是对孩子进行正面的管教和引导，让孩子感受到积极的力量。

做和善坚定的父母

说起来，和善坚定——只有简简单单的四个字，但是真正要想达到这个标准，却是需要我们非常努力的。新生命呱呱坠地，每个父母对于新生命都寄予了很高的期望，也会把自己所有的爱和关注都投入到新生命之上。毫无疑问，父母是这个世界上最爱孩子的人，但是很多父母虽然深爱着孩子，却不一定能够教育好孩子，这是为什么呢？

在现实的生活中，很多行业在上岗之前都会进行岗前培训，但是父母却并没有岗前培训。这就直接决定了大多数父母在教育孩子的时候都是摸着石头过河的，他们只是凭着自己的本能去做一些事情，而很少会在教育孩子之前进行系统的学习。也有些父母不能控制自己的情绪，常常会因为孩子的一些顽皮捣蛋的状况而歇斯底里，陷入抓狂的状态。面对失控的父母，稚嫩的孩子们内心将会多么恐惧啊。最近这段时间，网络上曝光了一些新闻，是关于父母虐待幼儿的。看了这些新闻，父母们都非常揪心，他们不知道为何最爱孩子的父母会突然之间变成了世界上最可怕的魔鬼，残忍地伤害甚至是杀害孩子。

我们不管有什么原因，都不应该对孩子这么残忍和暴虐。在网络曝光的事例中，有些父母是在故意伤害孩子，有些父母则是因为无知，所以没有对孩子尽到照顾和监管的义务。然而在现实生活中，更多的父母之所以会与孩子发生冲突，甚至在冲动之下伤害孩子稚嫩的身体和心灵，是因为爱孩子，是因为望子成龙，望女成凤。他们自己正在承受着生活的重重压力，所以希望孩子能够从小就发奋努力，将来长大以后拥有更好的生活。为此，他们急功近利，怀着紧张焦虑的心态，希望让孩子在很短的时间内就能够成人成才。但是父母要意识到一点，那就是孩子的成长不可能一蹴而就，每个孩子成长的过程都是非常漫长的，需要在父母的引导下每天都坚持进步，每天都有更好的变化，这样才能够积累点点滴滴的成长，最终走向成熟。

父母对孩子的初心是希望孩子健康成长，幸福快乐，那么在教育孩子的过程中就一定要做到和善坚定，保持自身情绪的稳定，时刻给予孩子良好的照顾和正确的引导。这样对于孩子才是真正负责任的态度。有些父母常常打着爱的旗号伤害孩子，这是错误的行为。父母不管出于什么原因，都应该尊重孩子的成长，都应该做到以孩子为本，给孩子一些帮助和照顾。父母要知道，孩子不是父母生命的替代品，也不是父母生命的延续。他们有自己的生命，也有自己的理想和志向，还有自己远大的梦想。所以父母要做的是在成长的道路上护送孩子一程，给孩子提供一些有利的条件，而不是要完全地掌控和替代孩子，否则就会让孩子感到特别挫败，也会让孩子因为受到父母过多的控制而感到无所适从。

萌萌三岁了，已经开始上幼儿园小班了。刚开始上学的时候，萌萌还很开心，但是才上了两天，萌萌就不愿意去幼儿园了。妈妈原本还沉浸在萌萌喜欢上幼儿园的快乐之中呢，看到早晨起来就哭闹不休的萌萌，妈妈急得团团转，不知道该怎么做才好。

这天早晨，萌萌又开始哭起来，她央求妈妈答应她今天可以不去幼儿园，等到明天再去。看着萌萌哭得梨花带雨的样子，妈妈原本有些心软，想要答应萌萌的要求，但是一想到只要开了这个先例，萌萌就会经常提出不去上幼儿园的请求，这样一来。萌萌如何能够接受系统的教育，形成良好的习惯呢？

想到这里，妈妈狠下心来，她蹲下来看着萌萌的眼睛，和善地对萌萌说："萌萌，每个小朋友都要去幼儿园。只有听话的小朋友才能去幼儿园。上幼儿园是一件很开心的事情，小朋友每天都要坚持去幼儿园，就像爸爸妈妈每天都要坚持上班一样。如果爸爸妈妈不上班，家里哪有钱给你买各种漂亮的衣服和好吃的东西呢？如果萌萌不上学，就不能学到很多知识，和小朋友们在一起玩儿的时候就会听不懂小朋友说的话，那可太糟糕了。”

看到妈妈的态度这么坚定，萌萌若有所思。妈妈感觉到萌萌的信念有些动摇，赶紧乘胜追击，对萌萌说：“萌萌，上幼儿园每周只要上五天，到了周六和周日的时候就可以休息两天。在休息的这两天里，萌萌可以出去玩，可以吃好吃的东西，可以和同学们、小朋友们去游乐场，都会很开心的。这样，既有玩儿的时间，也有学习的时间，萌萌才能更开心，更快乐。”听了妈妈的话，萌萌终于点点头说：“那好吧，我去上幼儿园。”经历了这次事情之后，萌萌很少再说不去上幼儿园的话了，因为她一直牢牢地记着妈妈说的——小朋友和大人每天都要上班一样也要每天都去幼儿园，所以她也就接受了规律的生活和学习。

在这个事例中，妈妈的做法是非常好的。有一些妈妈因为孩子哭闹就会心软，答应孩子不上幼儿园的请求，那么孩子在有了这样的先例之后，后面还会经常不想去幼儿园，而且会变本加厉。妈妈虽然也很心疼萌萌在哭，但是她却和善坚定地告诉萌萌小朋友必须上幼儿园，只有周六日才能休息。这样一来，萌萌尽管还很小，但是她却很明白妈妈的意思，所以从此之后，她再也没有提出不去幼儿园的请求。

妈妈和善坚定地对孩子表达，这比哄骗孩子或者呵斥孩子的效果更好。妈妈哄骗孩子会在孩子面前失去威信力，妈妈呵斥孩子则会让孩子感到特别恐惧，甚至还会因此而产生一些负面的心理状态。

既然和善坚定的父母对于孩子有如此好的教育和引导作用，那么我们就要坚持做和善坚定的父母，坚持对孩子进行和善而坚定的教养。但是，这并不是朝夕之间就能做到的。如果父母本身情绪比较急躁，那么先要学会控制自己的情绪；如果孩子已经形成了任性胡闹的坏习惯，那么父母要学会处理孩子的任性胡闹，坚持原则。总而言之，只有父母把握好教育的原则，孩子才能身心健康地成长。

给孩子选择的机会，培养孩子选择的能力

有人说，孩子的成长就是不断犯错的过程。的确，孩子在成长的过程中会犯一些错误，正是因为有了这些错误，他们才会反思自己，改正错误，完善和提升自我，从而获得成长，也有人说，人生也是不断犯错的过程，其实和孩子相比，成人犯错的概率会大大降低，但是这并不意味着成人就不会犯错。每个人都是凡夫俗子，在考虑问题的时候难免会有所遗漏，这也就为错误的产生埋下了伏笔。

与其说人生是由错误组成的，不如说人生是由一道道选择题组成的。在生命的历程中，不管是在年幼的阶段，还是在成年阶段，甚至是在老年阶段，每个人几乎每时每刻都面临着各种选择。小到去菜市场买菜的时候选择买哪一种蔬菜，买哪一家的蔬菜，大到面对人生中重要的关卡时选择如何去做。如果说一个人的人生是成功的，与其说他能够成功地避免犯错，不如说他能够坚持正确的选择。

如果每个选择都是正确的，那么人生就是完美的，当然完美的人生并不存在，这也就意味着我们不可能保证自己的每一个选择都是正确的。在孩子小时候，很多父母都会代替孩子作出一些选择，却不知道对于孩子而言，这些选择之中，有些选择超出了他们的能力范围，有些却是他们可以独立做好的。明智的父母要知道，孩子总有一天会离开父母的身边，独立

面对人生，所以父母不要总是代替孩子去选择。随着孩子不断的成长，他们各方面的能力都有所提升，他们对于很多问题的理解也更加深刻，父母应该把选择的权利交给孩子，让孩子作出选择。

很多父母都会担心孩子在做出错误的选择之后，必须承担相应的后果。如果这样的后果是孩子所不能承担的，或者后果非常严重，是无法逆转的，那么父母可以在孩子选择之前给予孩子指导，甚至纠正孩子的错误；如果选择的结果并不是不可承担的，而只是会给孩子增长一些教训，那么父母可以放手，让孩子去作选择。虽然孩子在刚开始作选择的时候会因为顾此失彼而犯一些错误，或者是出现疏漏，但是没关系，正所谓不经历无以成经验，对于孩子而言，只有亲身去经历一些事情，他们才会具有更丰富的人生经验。

很多父母误以为孩子没有选择的能力，其实孩子是因为没有选择的机会。我们只有把选择的机会交给孩子，孩子才能在不断选择的过程中发展选择的能力，也才能够真正地享有选择的权利。父母与其等到孩子长大成人，自己已经老去而不能再庇护孩子时，让孩子不得不独立面对人生，不如趁着自己还年轻，还可以给予孩子一些关照和帮助的时候，把选择的机会交给孩子，让孩子勇敢地选择，这样对孩子的成长是更有好处的。

现实生活中有很多人都有选择恐惧症，他们在面对一些选项的时候，不知道自己应该如何作出选择，不知道自己更喜欢哪一种选择，或者是担心自己在选择错误之后会导致严重的后果。这使他们在面对诸多选项时犹豫不定，迟疑不决。孩子也会有恐惧选择的情况出现，他们之所以不能当即作出选择，未必是因为恐惧选择本身，而是因为缺乏相关的知识，也没有生活的经验，所以才会在选择的时候很犹豫。在这样的情况下，父母可以帮助孩子进行选择，引导孩子进行分析，相信在父母坚持这么做之后，

孩子的分析能力和选择能力都会越来越强。如果选项很多，而且彼此之间存在明显的优劣，那么孩子也可以对这些优劣进行比较，从而让自己更容易作出选择，也能提升选择的正确率。

当选择超出孩子的能力范围时，孩子选择是比较困难的。父母还可以采取一种更有效的引导方式，就是对孩子进行封闭式提问。所谓封闭式提问，就是在问题之中给出孩子固定的两三个选项，这样孩子在选择的时候无须进行发散性思维，考虑更多的可能性，而是可以在父母的问题给出的两三个选项之中作出回答，这样就可以缩短孩子思考的进程，让孩子作出决定变得更加容易。

对于那些缺乏选择能力或者是面对超难选择题的孩子，父母可以采取这样的方式给予孩子引导。当孩子选择的能力渐渐提升的时候，父母就可以让孩子进行更好的思维发展，也可以给予孩子更大的选择权利，让孩子进行更深入的思考、分析和比较。在此循序渐进的过程中，孩子的自我意识会逐渐增强，选择能力也会越来越强。

对于青春期的孩子来说，面对一些选择题时，他们不想征求父母的意见，或者是想要独立作出选择。父母在权衡孩子的能力之后，可以给孩子这样的机会。虽然孩子有可能作出错误的选择，并且承担责任，但是没有关系，因为能够承担责任正意味着孩子的成长。如果孩子从来没有机会承担责任，他们又怎么可能成长起来呢?

有的父母会心疼孩子犯了错误，必须为错误买单，其实，对孩子的成长来说，这也是必须经历的过程。在犯错的过程中，孩子如果一蹶不振，那么他们就会彻底地与成功绝缘，也会彻底地与失败结缘。孩子如果越挫越勇，即使遭遇了失败，也能马上再努力争取做得更好，在不断尝试的过程中提升自己的能力水平，那么孩子就会获得更好的成长和表现。

总而言之，孩子渐渐地长大，他们需要发展的能力很多，选择的能力对于孩子而言不但关乎到成长，也关乎到一生。所以，父母对此要非常重视，也要注重培养孩子选择的能力，这样孩子才会成长起来，从依赖父母到走向独立。

遵守规矩，养成好习惯

在教养孩子的过程中，父母们常常因为生活中的一些琐事而与孩子发生矛盾和争执，有的时候还会引起严重的冲突。其实，这些生活的琐事都应该按部就班做好，父母要想避免与孩子因为这些小事情而闹得不愉快，就应该帮助孩子树立规矩意识，并且制订家庭规矩，让孩子能够遵守规矩。对于日常生活中的很多事情，父母也应该引导孩子养成良好的习惯，这样孩子在做很多事情的时候就能习惯成自然，而无需父母过多地唠叨或者是催促了。在孩子能够遵守规矩，养成好习惯之后，亲子相处会变得更加轻松容易，至少会减少很多不愉快的发生。

青春期的孩子正处于学习的关键时期，或者是初中生，或者是高中生，对于他们来说，学习的压力也是很大的，学习的节奏非常紧张。要想让孩子健康快乐地成长，既保证学习的效率，又保证充足的睡眠和休息时间，一定要为孩子制订良好的作息计划。例如，每天几点起床，几点睡觉，中间要用哪些时间去做哪些事情，完全可以进行程式化安排。当然，也不要把孩子的时间挤压得太过分，可以给孩子留出一定的独立的时间去做喜欢的事情，或者进行休闲娱乐，这样孩子才能做到劳逸结合，紧张有序，也能实现可持续性发展。

父母本身如果非常随性，不喜欢生活一成不变，而喜欢新鲜有刺激的生活，这样的生活方式对孩子而言是很不适宜的。毕竟孩子每天都有固

定的学习任务需要完成，他们每天都是在家和学校之间两点一线。尤其是对于初高中生而言，学习的任务特别繁重，学习的压力也很大，只有保持井然有序的状态，才能充分利用时间，也才能让自己有更规律的生活。规律的作息和生活不但有益于孩子的身心健康，在日常生活中，孩子还能够根据规律的作息为自己设立行为的界限。例如，有些孩子在工作日里学习忙碌，在晚上回到家里之后就希望能够玩会儿游戏或者看电视，而当父母看到孩子没有开始做作业，而是在进行休闲娱乐的时候，往往会感到很着急，也会催促孩子。这样一来，亲子矛盾也就会发生。父母应该让孩子知道每天必须先完成作业，在此之后如果还有时间，才能进行适度的休闲娱乐。这样就避免了孩子在进行休闲娱乐活动之后会无限地延长时间，不愿意写作业。

有些孩子是典型的夜猫子，晚上不喜欢睡觉，但是等到次日早晨起床的时候就会感到非常困倦，不想起床。为了避免因为晚上睡觉和早晨起床这个问题与孩子发生冲突，父母可以在家庭中制定作息的规律。例如全家人早晨几点起床，晚上几点休息。为了给孩子做好榜样，父母还要放下手机。如今有一些父母是不折不扣的手机奴，每到晚上睡觉的时候，只要躺在床上，就会捧起手机。结果不知不觉就看了很长时间，这样就会影响正常的休息时间。孩子在看到父母还没有睡觉而是在玩手机的时候，也会借此机会进行娱乐，所以影响了睡眠。当整个家庭保持规律的作息，全家人的运转都会进入良好的状态，不但孩子愿意遵守作息时间，父母也会遵守作息时间，这会使得父母对孩子的照顾更加周到，对孩子的引导也更加有效。

青春期的孩子公平意识很强，在为孩子制订规矩，引导孩子养成习惯的过程中，父母一定要以身作则，而不要“只许州官放火，不许百姓点灯”。不允许孩子做的事情，父母也不要去做；要求孩子做到的事情，父母率先就要做到。在家庭生活中虽然只有几个成员，但是整个家庭却是一个微缩的社会，所以家庭生活的很多规矩也要遵守社会的规则，保持公平公正。

在家庭教育中，父母的身教作用大于言传，对于孩子很多的表现，父母也许会唠唠叨叨地说很多次，但是孩子并不会有明显的改变。在这种情况下，父母不如带头去做，和父母反复的说教相比，当父母带头去做，效果往往是更好的。然而，人的本能就是趋利避害，没有人愿意被他人管教和约束，每个人都希望能够享受绝对的自由，孩子当然也是如此。正是因为这样，孩子们在养成坏习惯的时候非常容易，因为大多数坏习惯都顺从孩子的本性，而在养成良好的习惯时却面临很大的难度，因为好习惯的养成要与自己的本能作斗争，而且要长期坚持才能渐渐地成型。但是，习惯一旦养成就能一劳永逸，养成习惯的过程虽然是痛苦的，在习惯养成之后，习惯带给我们的好处却是特别多的。

有的父母对孩子抱有很高的期望，他们希望孩子努力向上，刻苦学习，在学习上出类拔萃。与此同时，父母自身却并不追求上进，只是按部就班地工作，每天除了工作就是做家务，或者进行娱乐活动，生活没有目标。在这样的情况下，父母即使反复告诫孩子要树立梦想，制定目标，效果也往往很不好。父母与其要求孩子努力，不如自身先努力。如果父母始终保持积极进取的状态，并且家庭生活是朝气蓬勃的，那么孩子耳濡目染，看到父母这么努力上进，孩子也会反思自身，从而在学习和成长中有更好的表现。

家庭是一个小小的团体，也是一个完整的整体。在家庭生活中，不管是制定规矩还是形成习惯，都要做到全家总动员，这样孩子才会感受到努力向上的氛围，也会受到父母的感染，因而会更加积极主动地争取上进。

信守承诺，是做人的根本

父母如果对孩子食言，会有什么样严重的后果呢？很多父母对此都没有正确的认知。他们认为：我作为父母，每天既要工作又要照顾家庭，还有很多突发的情况需要处理，所以我并不能保证对孩子兑现诺言。如果父母怀着这样的心态，常常轻易对孩子许诺，又把自己的诺言抛之脑后，那么孩子长大以后也一定不能信守诺言。如果说孩子长大之后不信守诺言是远期的后果，那么短期的后果则近在眼前，即孩子不再信任父母，而且对于父母所说的话也不愿意听从。由此可见，父母如果不能做到一诺千金，信守承诺，对于亲子关系的破坏力是非常大的。

对于信守诺言的人而言，诺言是一字千金的；对于不能信守诺言的人而言，诺言是不值得一提的。毕竟诺言只是一句或者几句话，轻飘飘的，也许随着风就被吹散了。是否信守诺言取决于每个人对诺言的重视程度，以及这个人的人品和品质，所以不要觉得诺言只是一句或者是几句话，诺言能够反映出人们深层次的思想及自身所具有的品质。

在家庭生活中，很多父母会带着强烈的情绪与孩子相处，尤其是在和孩子沟通的时候，父母受到情绪的驱动会对孩子说出一些话。等到这些话说过之后，他们又因为一些客观或者主观的因素而无法把这些话变成现实。父母们往往并不认为这是不守承诺的表现，而认为自己是有苦衷的，例如公司突然要求出差，所以不能带孩子出去玩；同事突然有事情需要自己帮忙顶班，所以不能带孩子去吃必胜客。在父母看来，这些事都是不值一提的，但是对于孩子而言，这些事情却是非常重要的。孩子会认为父母没有遵守承诺，他们不愿意再相信父母的话，也会因此而渐渐地疏远父母。

正是因为如此，有些父母会说自己非常忙碌、疲惫和辛苦，孩子却不体谅自己，而大多数孩子都在指责父母不守诺言，总是把自己说过的话忘记了，因而不愿意再相信父母说的话。每个人对诺言有不同的理解，重视程度也各不相同，所以父母和孩子之间才会产生这样的分歧。那么，到底谁是正确的，谁又是错误的呢？

从父母的角度来说，要兼顾很多方面的事情，所以父母认为自己并没有错。但是从孩子的角度来说，父母说了就应该做到，如果没有做到，就是对孩子食言。每当对孩子食言，不管因为什么原因，父母很有必要向孩子承认自己的错误。如果父母对孩子食言，却又不愿意向孩子道歉，那么对孩子的伤害就会是双重的。

在家庭教育中，父母对孩子开展教育要以得到孩子的信任为基础，如果父母失去了孩子的信任，那么父母就无法再与孩子沟通，而且还会带给孩子负面的影响。从这两个方面来看，父母在和孩子相处的时候，应该慎重思考，再决定对孩子作出怎样的承诺，也应该全力以赴去践行对孩子的承诺。如果真的因为有一些突然发生的事情，或者是因为不可抗力因素，而导致父母无法对孩子兑现承诺，那么父母应该给孩子一个交代，向孩子解释清楚事情的原委，并且告诉孩子自己将会如何弥补这个过失。这样一来，才能尽量把食言给孩子带来的影响降至最低。

在中国古代，曾子是一个不折不扣的正人君子，他的品格非常高尚，而且他信守承诺，对于自己说出去的每句话都会努力践行。他不但尊重成人，而且非常尊重孩子，哪怕是对于孩子说出的话，他也不会忘记。

有一天，曾子的妻子和邻居去赶集。在妻子出门的时候，孩子吵闹着也要一起去赶集，想要买好吃的东西。妻子不想带孩子一起去赶集，就骗孩子说等回家就杀猪给孩子吃肉。孩子听到有猪肉吃兴奋极了，从妈妈出门开始，孩子就搬着板凳坐在院子门口，眼巴巴地等着妈妈回家。

就这样，时间很快过去了大半天，孩子除了偶尔回家里喝点水之外，

一直坐在门口等候着妈妈。眼看着已经到了傍晚，天色渐晚，曾子回到家里的时候，看到孩子坐在门口，也没有玩儿，而是看着道路的方向，不由得感到很纳闷。得知孩子是在等着妈妈赶集回家之后杀猪吃肉，曾子对孩子说："天晚了，咱们先回家去磨刀，这样等妈妈回来就可以杀猪了，好吗？"听到曾子的话，孩子高兴得又蹦又跳。

回到家里之后，曾子马上就开始磨刀，又烧了一大锅水。这个时候，妻子回家了，她看到曾子的举动非常惊讶，询问道："不过年不过节的，你磨刀干什么呀？"曾子说："你承诺孩子要杀猪吃肉，难道你忘了吗？"妻子大吃一惊，说："这口猪可是我们全家过年要吃的呀，你怎么能现在就把猪杀了呢！现在离过年还有半年时间呢。猪这么小，杀了可惜，而且杀了猪之后，我们过年就没肉吃了。"

曾子严肃地对妻子说："你亲口承诺孩子赶集回来杀猪吃肉，如果你骗了孩子，孩子以后再也不会相信你的话，而且还会向你学习，以后也会食言。你觉得是一头猪重要，还是孩子的品质更重要呢？"听到曾子的分析，妻子这才意识到问题的严重性，虽然她很后悔自己随口哄骗孩子杀猪吃肉，也很心疼这口还没有长大的猪，但她还是和曾子一起忙碌着，把猪杀了。因为家里猪肉很多，他们还分给邻居们很多猪肉呢！

尽管只是哄骗孩子不吵闹的一句话，但是在曾子的心中，这句话就是承诺。如果他不能够兑现这句话，那么孩子将来不再信任父母，也不遵守承诺，这样的损失是不可估量的。曾子认为，哪怕过年的时候没有猪肉吃，哪怕现在这口猪还没有长大就被杀掉很可惜，但是这些都没有对孩子的教育重要。

生活中，很多父母之所以对孩子食言，并不是故意为之，而是因为他们在对孩子作出承诺的时候往往不假思索，脱口而出。等到兑现承诺的时候，却因为很多事情发生了变化，而无法兑现承诺。

虽然父母有很多原因和理由都是可以谅解的，但是对于孩子而言，他们未必能够理解。孩子还小，不知道人生中会有各种不如意的事情，也不知道父母有多么忙碌，承担了多少压力。在这种情况下，父母不要强求孩子必须理解父母，而是应该改变自己对孩子作出承诺的方式，例如不要对孩子作出期限很长的承诺，可以在事情即将发生的时候再告诉孩子。这样孩子既会感到惊喜，又不会因为父母突然有事情不能兑现承诺而感到失落。对于那些不确定一定要办的事情，父母可以将其列为待办事项，这样孩子就会知道事情有可能得以实现，有可能不能顺利兑现，因而就不会指责父母轻易食言。总而言之，父母要给孩子作好榜样，让孩子知道只有先守住承诺，才能赢得他人的信任，这样父母与孩子的相处也会更加愉快。

帮助孩子找到归属感，实现自身价值

作为成人，我们感到最骄傲和自豪的事情是什么呢？那就是我们实现了自己的价值，也找准了自己的位置。不管是在学习上还是在工作中都达到了自己的预期。这样一来，我们就会觉得非常有成就感。虽然孩子还没有成长大，但是他们也是社会的一员，虽然孩子还不能像成人那样做出很多丰功伟绩，但是孩子也需要实现自身的价值。父母在激发孩子努力向上的时候，应该帮助孩子找到归属感，也要引导孩子实现自身的价值。当孩子认识到自己的存在是非常有意义的，他们就会更加充满动力。尤其是在人生成长的过程中感到迷惘的时候，他们就会因此而明确方向，从而提升做事情的效率。在做人的时候，孩子也能够坚持自己的原则，从而赢得他人的认可和赞赏。

不管是成人还是孩子，如果在人生中从来得不到他人的认可，自己已经确定的目标也无法实现，那么就会由此而产生挫败感，感到非常迷惘。从生命的意义上来说，每个人都是世界上独一无二的生命个体，每个人虽然因为父母来到这个世界上，虽然与身边的人有着各种各样的关系，但本质上都是独立的。所以要想实现个人的价值，就应该要证明自己的存在是有意义的，就应该找到或明确人生的方向。虽然很多成父母认为对于孩子来说归属感并不那么重要，是否实现自身的价值也不是很迫切的需求，但是现实告诉我们，即使作为孩子也需要找到归属感，也需要实现自身的价值，才能更快乐地成长。

拥有归属感的孩子非常自信，他们在面对变幻莫测的外部环境时，更加不容易感到迷惘。反之，没有归属感的孩子在成长过程中会进入很多误区，例如他们不相信自己是非常优秀的，总是要得到他人的认可和赞赏才能够形成自信心；他们常常会小肚鸡肠，一旦被他人伤害，不管他人是有意还是无意的，他们都会寻求报复；他们总是试图用全力证明自己的存在，喜欢对他人发号施令；他们对于自我没有正确的认知，或者会妄自菲薄，即使遇到小小的困难也会退缩，或者会狂妄自大认为自己是无所不能的。这样的两个极端会让孩子缺乏自信，不能坦然面对生活的各种境遇。

很多父母一旦发现孩子缺乏信心，就鼓励孩子。殊不知，父母在鼓励孩子的时候，也应该先了解孩子的情况，知道孩子之所以缺乏信心，是因为什么。如果孩子是因为自卑而缺乏信心，那么父母要多多鼓励孩子；如果孩子是因为不知道自己存在的意义而缺乏而自卑，那么父母要告诉孩子人生的意义；如果孩子是因为与别人比较黯然神伤，那么父母要教会孩子正确的比较方式，看到自己的进步和成长。总而言之，孩子也需要找到归属感，也需要实现自身的价值，才能够身心健康地成长。

在家庭生活中，爸爸妈妈都非常能干，他们把一切事情都处理得很好，所以哲哲只需要安心享受爸爸妈妈的照顾，很少为家里的事情操心。有一段时间，哲哲特别顽皮，他进入青春期之后总是跟爸爸妈妈作对，甚至还会公然和爸爸妈妈叫板，让爸爸妈妈感到很生气。其实，哲哲不是故意在捣乱，只是因为爸爸妈妈都忙于工作，虽然把家里的事情安排得都很好，但是没有更多的时间陪伴哲哲，所以哲哲才想以这样的方式吸引爸爸妈妈的注意。因为不知道哲哲心里真正的想法，爸爸妈妈尽管会批评和训斥哲哲，却从来不愿意改变。

这段时间爸爸出差了，这一天，哲哲正在学校上学呢，突然接到医院打来的电话。原来，妈妈突发急性阑尾炎，正在医院里等着手术呢，需要人签字。爸爸出差了，这可怎么办呢？哲哲第一时间就赶去医院，看到妈妈脸色苍白，疼得满头大汗地躺在病床上，他突然间像一个男子汉一样，对妈妈说："妈妈，我来签字。"妈妈有些不敢相信地看着哲哲，问："你真的可以吗？"哲哲点点头，说："当然，我会签自己的名字。"妈妈忍不住含着眼泪笑起来，说："可是签字不仅仅是签名，还要面对很多突发的情况。如果妈妈在手术过程中出现意外情况，你能应对吗？"哲哲想了想，对妈妈说："虽然我不是医生，但是我知道医生都是非常专业的，如果出现意外情况，我会给爸爸打电话，把医生的意见告诉他，然后我们一起决定。只要需要我签字，我就会毫不犹豫地去签字。"听了哲哲的话，妈妈欣慰地点点头。爸爸正在国外出差，还需要几天才能回来，妈妈手术进行得很顺利。手术之后，哲哲请了两天假负责照顾卧床不起的妈妈，他每天都给妈妈买来早饭，中午还会伺候妈妈吃医院里供应的饭菜。有的时候，妈妈需要一些日常用品，他还会坐公交车回家去拿。看到哲哲仿佛一夜之间长大了，妈妈感到欣慰极了。

在这个事例中，爸爸妈妈都因为哲哲顽皮捣蛋而头疼，但是为何在妈妈生病爸爸出差的时候，哲哲却突然有了这么大的转变呢？究其原因，不是因为哲哲看到妈妈生病才听话懂事，而是因为在妈妈生病的时候爸爸不在身边，所以就给了哲哲机会体现他作为男子汉的价值。一直以来，哲哲在家庭生活中都没有找准自己的位置，因为家里没有什么事情是需要他操心或者是付出的，所以他也就乐得自在，变得越来越顽劣。现在，他必须作为一个男子汉为妈妈手术签字，也要扛起很多有可能出现的责任，所以他的表现就大大地出乎妈妈的意料啦！

每个人都需要实现自身的价值，都要找到自己的归属感。对于哲哲来说，他正是通过被妈妈需要这件事情才找到了自己的价值所在。相信未来妈妈身体康复之后，哲哲也会有更深入的思考，而且他的行为表现都会有明显的变化。他会意识到自己已经不再是那个顽皮捣蛋的孩子，而是要在关键时刻承担起很多责任，这样的使命感也会督促哲哲做出积极的改变。

鼓励，让孩子拥有内部驱动力

如今提倡赏识教育，所以很多父母都会表扬孩子，不管孩子表现得怎么样，父母都会夸赞孩子很棒，非常优秀。面对父母这么不用心的表扬，尤其是在本就烦恼的情况下，孩子难免会觉得厌烦。虽然人人都喜欢听好话，但是人们喜欢听的是那些用心所说出来的好话，而不是不假思索就说出来的例行公事、敷衍了事的话。很多父母在教育孩子的时候都会犯这样的错误，那就是他们会盲目地迷信赏识教育，会忽略孩子的实际情况而不切实际地夸赞孩子，这样一来，鼓励和激励就不能起到预期的效果。

除了让表扬泛滥之外，父母们还会犯一个错误，那就是在孩子学习的时候，为了督促孩子认真学习，取得好成绩，父母们会奖励孩子金钱或者物质。这么做虽然看起来在短期内奖励了孩子，金钱和物质是非常现实的，也能起到很好的激励作用，但是随着时间的流逝，孩子们渐渐地就会产生错误的认知，认为自己学习是为了父母，而不是为了自己。也有一些孩子会以学习为条件要挟父母，甚至逼着父母答应他们的某些要求。不得不说，这样的孩子已经在学习上进入了误区，缺乏内部驱动力，而只是依靠着外部驱动力来坚持学习。可想而知，孩子在学习上必然后续乏力。

内部驱动力是指孩子主动自发产生的一种力量，往往是非常持久的，而且也能够让孩子心甘情愿地去做一些事情。外部驱动力指的是从外界得到的驱动力量。通常情况下，拥有外部驱动力的孩子必须有条件地去做一些事情，例如父母总是奖励孩子钱，那么孩子就会要求在下一次考试的时候如果考取100分，父母就要奖励他们多少钱。父母如果答应，孩子就会拼尽全力考得更好；父母如果不答应，那么孩子就不愿意考得更好。在此过程中，随着奖励次数的增多，金钱对孩子的激励作用会渐渐减弱。由此可见，外部驱动力是无法长久保持的。所以父母要想让孩子在学习上始终都有良好的表现，并且保持可持续发展的态势，就要给予孩子更多的鼓励和帮助，也要避免给孩子物质和金钱等奖励，这样才能激发孩子更为持久的内部驱动力，而不过分依赖于外部短暂奏效的外部驱动力。

每个孩子内部的动驱动力是不同的。有些孩子的内部驱动力本身就很强劲，对于这样的孩子，父母无须过多地奖励。例如，有些孩子非常喜欢学习，积极主动地学习，在学习上遇到困难的时候也能想方设法地战胜困难，那么父母只需要给孩子们提供助力，提供便利的条件，孩子就会表现得更好。而有些孩子在学习上非常被动，他们讨厌学习，也不愿意在学习上花更多的时间和精力。只有在父母允诺给他们物质或者是金钱奖励的时候，他们才能对学习产生一点兴趣，这就是典型的外部驱动力。外部驱动力并不会随着孩子自身对于学习的认知越来越深刻而得以增强，反而会随着金钱或者物质奖励的频繁而变得越来越弱。如果孩子的内部驱动力不足，那么父母在必要的情况下可以给孩子一些外部驱动力来激励孩子不断进取。但是如果孩子已经具有了内部驱动力，则父母切勿以奖励物质或金钱的方式消除孩子的内部驱动力，让孩子依赖外部驱动力，这是本末倒置的。

就像植物需要水才能生存下去，孩子也非常需要父母的鼓励，但是鼓励要适度，而且要讲究方式方法。对于孩子来说，鼓励并不是奖励，父母在鼓励孩子的时候，就意味着父母已经接受了孩子，认可了孩子，并且看到了孩子的辛苦和努力。这样一来，孩子就会更加专注地做自己该做的事情，而且争取表现得更好。鼓励孩子还要能够看到孩子的闪光点，要说一些具体的事情，陈述孩子表现得到底有多么好，这样孩子才能感受到父母的用心，也知道自己在哪些方面有优势，哪些方面有不足，从而做到扬长避短，取长补短。但是鼓励一旦过度，就会让孩子非常依赖鼓励，如果父母不鼓励，他们就不愿意做一些事情，而且在经常接受鼓励的过程中，他们也会对自己形成错误的认知，觉得自己表现得非常棒，不需要更加努力去坚持进取。当形成了这样错误的思想，孩子如何能够保持上进的态势呢？

鼓励不但是一门艺术，也是一门技术，鼓励可以带给孩子积极正向的能量，但是奖励却有可能会起到事与愿违的效果。现在的教育中，很多人都提倡赏识教育，但是对孩子的赏识却不要泛滥，只有给孩子适度的赏识，才能激励孩子继续成长和进步。

坚持对孩子进行鼓励，同时把握原则，这样才能对孩子进行正面的管教和鼓励。相对的是批评和否定。孩子还处于成长的过程中，各方面的能力都没有发育完善，所以他们难免会犯一些错误。当孩子犯错误的时候，父母切勿给孩子贴上负面标签，也不要劈头盖脸地批评或者数落孩子，更不要因此对孩子盖棺定论。父母要给孩子时间和空间去成长，也要尊重孩子的成长表现。孩子只要努力了，不管他们做出的表现是好还是不好，也不管他们犯的错误是否造成了严重的后果，我们都应该相信孩子，也应该给孩子助力。只有这样，孩子才能够更健康，更快乐。

第03章

父母会管教，孩子拥有安全感

孩子的成长分为两个方面，一个是身体方面的成长，一个是心灵方面的成长。孩子身体方面的成长需要各种各样的营养，孩子心灵上的成长则需要各种支持与助力。父母要想陪伴孩子健康快乐地成长，就要给予孩子安全感。对于孩子来说，安全感是他们身心成长的第一要素。只有拥有安全感，孩子才能信任和依赖父母，也才愿意向父母敞开心扉，诉说内心的各种烦恼，与父母建立良好的亲子关系。

让孩子获得安全感

曾经有心理学家说过，对于几个月的孩子而言，父母无论怎么宠爱他们都是不为过的。很多父母担心因为太过溺爱孩子，会使孩子变得骄纵任性。实际上，对于年幼的孩子来说，安全感是最重要的。父母应该帮助孩子建立安全感，也要给予孩子安全感。如果孩子在幼年时期没有获得安全感，那么在成长的过程中，他们就会非常惊慌，非常无措。有一些父母为了锻炼孩子走向独立，就让尚在襁褓之中的孩子长时间哭泣，而不给孩子任何安抚。父母根本无法了解孩子在哭泣的过程中内心感到多么绝望和无助。

安全感的建立需要父母兼顾孩子成长的方方面面。孩子必须吃喝拉撒才能够生存下来，新生命呱呱坠地之后，父母就要肩负起照顾新生命的重要任务。他们会竭尽所能地为新生命提供更好的成长条件，与此同时，他们还会关注到孩子心灵的成长。从某种意义上来说，在现代社会中，大多数孩子都可以吃饱穿暖，所以所谓的安全感，更多地侧重于心灵上的安全与充实。

三岁之前是孩子建立安全感的关键时期，很多父母因为忙于工作，会把孩子送到农村交给爷爷奶奶或者姥姥姥爷帮忙照顾，也有些父母虽然和孩子在一起生活，但是因为早出晚归，所以很少有机会陪伴孩子。如果父母在孩子成长的过程中缺席，孩子就会感到内心空虚，也更加缺乏安全感。安全感不仅仅能让孩子感到幸福和快乐，也关系到孩子在成长中的方方面面。例如拥有安全感的孩子更信任他人，能够与他人之间建立良好的关系；缺乏安全感的孩子对他人则特别不信任，甚至会以恶意来揣测他人，导致人际关系紧张。再如，拥有安全感的孩子情绪非常稳定平和，他们知道不管什么情况下父母都会保护他们，因而心里感到很踏实，没有安全感的孩子则会情绪波动很大，而且会对他人持有怀疑的态度，哪怕看到他人在窃窃私语，也认为他人是在说自己的坏话。这些都是安全感给孩子带来的影响。

那么，安全感是与生俱来的吗？当然不是。安全感是孩子对于周围的人和事情的一种感受，也就是孩子对周围世界的印象。从这个意义上来说，安全感是孩子出生之后在后天成长的过程中形成的。知道安全感这么重要，很多父母都会急于求成地帮助孩子获得安全感，也会无微不至地照顾和关爱孩子，误以为这样孩子就能够感到安全。其实，他们只关注到孩子生理上的需求，却没有关注到孩子心理上的需求。对于孩子而言，父母的陪伴是更为重要的。父母即使忙于工作，也应该抽出时间来陪伴在孩子的身边。有一些孩子因为内心的感情没有得到满足，所以会出现恋物情节。例如，他们会将自己喜欢的毛绒玩具抱在怀里，不管做什么事情或者去哪里，都始终抱着这个玩具，这也是孩子没有安全感的表现之一。

有一些父母误以为孩子在小的时候，只需要满足吃喝拉的需求，却从没有想过小小的生命还没有独立行走，一时还不能主宰自己的身体，那么他们每天除了吃喝玩乐，要如何打发漫长的时光呢？父母如果不能陪伴在孩子身边，而任由孩子度过这漫长的时光，那么孩子就会感到内心空虚。总而言之，父母要想给孩子安全感，就要从各个方面关注孩子，帮助孩子，这样孩子才会快乐充实。

因为爷爷奶奶在遥远的东北，姥姥姥爷又在帮舅舅家里带孩子，所以可可从出生之后就由妈妈亲自带。然而，妈妈几个月的哺乳假期很快就结束了，只好找了一个保姆来帮忙带可可。可可非常乖巧，保姆每天在妈妈上班之前来到家里，整个白天都得照顾可可，等到妈妈下班之后，保姆就把可可交给妈妈照顾，自己则会下班回家。这样一来，可可经常一整天都见不到妈妈，又因为爸爸长期在外地工作，所以可可对爸爸的印象也很淡。

很快，妈妈就发现了一个问题，那就是保姆因为担心可可到户外去玩耍会磕碰到，所以每天白天都带着可可留在家里，给可可看电视，让可可吃零食。渐渐地，可可越来越胖，而且特别懒惰，不愿意运动。后来，妈妈带着可可去一个朋友家里玩的时候，朋友提醒可可妈妈：“可可运动起来身体有些不协调。”妈妈这才意识到可可的户外活动量太小了。

虽然妈妈几次三番地提醒保姆白天要带着可可去楼下玩一玩，但是保姆却依然自行其是。后来，在可可20个月的时候，妈妈把可可送到了托管班里，至少托管班的老师会带着孩子们晒太阳。然而，妈妈没有想到可可才20个月，已经和保姆非常熟悉了，现在妈妈突然把她送到一个陌生的环境里，面对陌生的老师、陌生的同学和陌生的环境，可可承受的心理压力很大。

在刚刚到托管班的三个月时间里，可可每天都抱着自己的水杯坐在教室的角落里。因为教室里有实时监控，妈妈每当看到可可抱着水杯坐在那里一动也不动的时候都觉得特别心疼。妈妈只好给老师买礼物，希望老师能够更多地关注可可，带着可可一起玩。然而，可可很排斥老师靠近她，她只想自己安全地坐在那里。无奈，老师只好放弃了这样的尝试。

整整三个月之后，可可才改变了这样的做法，终于和同学们熟悉起来，在下课的时候也能和同学们玩了。妈妈悬着的心终于放了下来。

可可为何要抱着水杯坐在教室的角落里呢？这是因为她缺乏安全感。对她而言，在面对陌生的同学、老师和环境的时候，只有水杯是她所熟悉的，那是她在家里使用的水杯。她很害怕，又找不到妈妈，所以只能把水杯当成自己心理和情感的寄托，这很像一个即将溺水的人抓着救命稻草不

撒手，充分表现出可可内心的绝望和无助。

父母切勿只关心孩子成长的生理需要，也要关心孩子的心理和情感需求。青春期的孩子虽然已经比幼儿长大了很多，而且具备了自我照顾的能力，但是他们依然需要安全感。虽然他们不会像可可刚去幼儿园那样感到孤独和无助，但是他们毕竟也是孩子，在面对生活中各种变故的时候，他们内心尽管惶恐，却碍于面子而不敢说出来。例如，很多爸爸妈妈因为感情破裂想要离婚，那么孩子作为夫妻共有的重要家庭成员，就会面临家庭的破裂。很多青春期的孩子因为父母的婚姻出了状况而感到压力，也会缺乏安全感。

孩子不管长到多大，在父母眼里都始终是孩子。不管是对于年幼的孩子，还是对于青春期的孩子，父母都要给予孩子安全感，这是我们对孩子应该尽到的义务，也是我们义不容辞的责任。

把爱传达给孩子

在孩子小时候，很多父母都对孩子投入了所有的爱和关注，他们关心孩子的吃喝拉撒、言行举止，关心孩子的一颦一笑、一举一动。不知道从什么时候开始，父母们对孩子关心的重点发生了变化。他们依然关心孩子的身体健康、心情愉快，但是他们更关心孩子的学习表现如何，以及学习成绩的高低。随着父母对孩子的期望越来越高，孩子与父母之间的矛盾和纠纷争执也越来越多。孩子的天性就是喜欢玩，而父母却希望孩子能够像成人那样认识到自己所处的社会环境很残酷，因而从现在开始发奋努力。在这样的分歧之中，父母与孩子之间产生了很多误解。很多父母都抱怨孩子一点不懂得作为父母的苦心，不知道感恩父母的辛苦付出，更不懂得回报父母的付出。反过来看，孩子的想法与此截然不同，他们也在抱怨父母不够爱他们，只关心他们的学习，而从来不关心他们自身，只要求他们考试考第一，而从来不只关注他们如何才能考取第一。不得不说，这样的误解让亲子之间的关系越来越疏远，也让亲子相处出现了很多问题。

作为父母，我们在得知孩子的怨言之后应该反思自己，要认识到自己不应该只关心孩子的成绩，也要关注到孩子这个人；父母不应该只爱孩子的高分，更应该爱孩子的各种表现。很多家庭教育之所以面临困难或者障碍，主要是因为孩子感受不到父母的爱，因而无法获得安全感。父母要想让孩子感受到父母的爱，就应该有智慧地爱孩子，而不要盲目地爱孩子。如果只是出于动物性的本能去爱孩子，那是连动物也能做到的，人是万物的灵长，是自然的主宰，人类的父母在爱孩子的时候，应该区别于动物，应该理智而又深沉。

孩子感受不到父母的爱意，一方面是因为父母对孩子的要求更多地倾向于学习和成长方面，另外一方面是因为父母对孩子的爱一直以来都是不计回报、太过无私的。有些父母从孩子小的时候就开始照顾孩子，随着孩子不断成长，他们从来没有放手孩子，还依然像孩子小时候那样把孩子照顾得无微不至。人们常说习惯成自然，当孩子已经习惯了接受父母这样的爱，他们就会认为父母的爱是理所当然的。

举个最简单的例子来说，一个孩子饥肠辘辘的时候吃了路人的一碗馄饨，他会对这个路人感激涕零，也会认为这个路人是非常善良的。但是一个孩子吃了父母一辈子的馄饨，他却从来没有说过任何感谢父母的话，这就是因为孩子对父母的爱习以为常，所以也就感受不到父母的爱了。从这两方面来说，父母一则要学会对孩子放手，二则要更加关注孩子的成长，关注孩子的心理和情绪健康，而不要只关心孩子的学习。此外，父母还要学会对孩子放手，让孩子感受到生活的辛苦，这样孩子才会知道父母为他们付出了多少。

还有一些父母之所以不善于对孩子表达爱，是因为中国人对于爱普遍都是比较内敛的。在孩子小时候，父母会经常亲昵孩子，拥抱孩子，甚至对孩子说“我爱你”。但是随着孩子渐渐成长，尤其是在孩子进入青春期之后，父母因为与孩子的关系变得紧张，所以就会在不知不觉间之间把对孩子的爱隐藏起来。

在这一点上，我们应该向西方国家的人学习。西方国家的人感情热烈奔放，对于他们想要说出口的东西，他们是一定会积极表达的。西方国家的人也非常注重礼节，人与人见面的时候会互相亲吻脸颊，关系亲密的人见面的时候会亲吻。这些爱的表达方式，对于加深爱意都是很有好处的。

在家庭教育中，父母与孩子的关系如果非常疏远，使孩子感受不到父母的爱，那么孩子就更不愿意接受父母的各种安排和教导。父母只有把爱传递给孩子，以爱打开孩子的心扉，赢得孩子的信任，孩子才会与父母建立更为亲近的关系。

如果在孩子青春期的时候，父母就习惯了与孩子疏远，也习惯了很少与孩子沟通和交流，那么等到孩子渐渐长大，他们与父母的关系就会非常冷漠。在孩子青春期内，父母要学会与半大的孩子相处，也可以继续对孩子说爱，或者以拥抱、亲吻等方式来表达对孩子的爱。当父母们习惯了以这样的方式与孩子相处，孩子也习惯了以这样的方式向父母表达爱，那么亲子之间的感情就会越来越深，亲子关系也会越来越好。

前文说过，即便是青春期的孩子也需要拥有安全感。当感受到爱的时候，孩子就会获得安全感；当感受到爱的时候，孩子就愿意敞开心扉面对父母，也愿意接纳父母的教诲。

戒掉催促，让孩子按照节奏成长

在日常生活中，当父母和孩子一起做一件事情的时候，父母往往会嫌弃孩子做得太慢，这是因为父母不了解孩子成长的节奏本身就是很慢的，没有成人那么快。父母认识到这一点之后再与孩子一起做事情的时候，就不要再催促孩子了。孩子的成长有内在的节奏，孩子的节奏与成人的节奏是完全不同的。父母已经是成人，如果以自身的节奏去要求孩子，那么孩子就会非常吃力。举个简单的例子来说，一个成人牵着孩子走路，成人的腿又长又有力，孩子的腿又短又无力，那么成人迈一步，孩子也许需要迈三步才能勉强跟上。在这种情况下，如果成人要求孩子必须和自己保持同样的前进速度，可想而知孩子有多么吃力。

要想与孩子保持同样的前进速度，父母不要强求孩子加快速度往前走，而是可以让自己略微放缓速度，这样就可以和孩子一起前进了，也能避免持续地催促孩子，导致孩子心中着急，或者是自尊心、自信心受到打击。不可否认的是，现代社会中完成很多事情的时间都越来越紧促，尤其是作为父母，上有老下有小，既要兼顾工作，又要做好家务事，更是感到分身乏术。也正是因为这些原因，所以大多数父母都像不停旋转的陀螺一样，每天都在高速运转。即便如此，父母也应该知道自己对孩子肩负的责任，要尽量抽出时间陪伴孩子，和孩子一起做一些事情，因为这是父母的责任和义务。

父母们可以想一想，自己有多长时间都没有陪着孩子一起欣赏鸟语花香，观看日月星辰了；还可以想一想，自己有多长时间没有和孩子一起玩游戏，带着孩子去郊外远足了。生活是如此忙碌，我们要把握好生活的节奏，做到劳逸结合，让孩子成长得更快乐。

也许有一些父母会说，年幼的孩子节奏是很慢的，但是对于已经进入青春期的孩子来说，他们都已经开始读初中了，甚至有的孩子已经开始读高中了，所以学习的节奏也是很快的，孩子的确应该加快节奏。为了适应学习的压力，为了跟上学习的节奏，孩子们都要加快脚步，但是这并不意味着他们要跟上成人的节奏。实际上，孩子不管是12岁还是15岁，亦或者是18岁，他们都还是孩子。父母在面对着孩子的时候，切勿忘记孩子是孩子这个事实。

进入初二之后，乐乐感觉到在学习方面的压力明显大了起来。在初一阶段，他并没有上课外班，轻轻松松就能在班级里取得很好的成绩，在年级里也有不错的排名。到了初二之后，他觉得自己在学习上有些吃力，尤其是对于数学学习，大多数同学都在外面参加了补习班，做起难题来得心应手，而乐乐因为没有上过课外班，所以在遇到一些难题的时候解题率就会差很多，而且解题的速度也比较慢。

乐乐认识到自己在数学学习上的短板，对妈妈说："妈妈，我也想上课外班。"乐乐主动提出要上课外班的请求，让妈妈非常惊喜。因为在此之前，乐乐是很排斥上课外班的。妈妈问："乐乐，你现在怎么愿意上课外班了呢？之前你不是不愿意上课外班吗？"乐乐对妈妈说："小学的时候学习的东西很简单，不上课外班，我考得也不赖。初一的时候，我也还能勉强跟上。但是现在如果不上课外班，我觉得我很快就会从班级里前5的水平下降到前20了。"听了乐乐的话，妈妈忍不住笑起来说："妈妈当然愿意为你报名参加课外班，那么你可要好好学呀。"乐乐点点头说："放心吧，我知道自己应该好好学。"

看到这个事例，爸爸妈妈们是否应该反思一下自己？如果你的孩子现在正在上小学，你有没有一厢情愿地给孩子报名课外班呢？如果你已经给孩子报名了很多课外班，而且要求孩子必须按时上课，那么你应该问一问孩子是否真的想上这些课外班，是否感到快乐。在这个事例中，乐乐之前并不喜欢上课外班，但是到了初二，他意识到自己应该上课外班，所以他在课外班学习的效果一定会非常好。

在如今全民陷入教育焦虑的状态中，很多父母都望子成龙，望女成凤，都想让孩子一蹴而就地成长起来。然而，孩子的成长是一个漫长的、循序渐进的过程。父母不应该对孩子采取揠苗助长的做法，否则就会导致事与愿违。父母要尊重孩子成长的节奏，要让孩子知道成长是需要循序渐进、一步一步去进行的。当孩子进展到特定的人生阶段时，他们就会有产生相应的需求。在这种情况下，父母顺势而为地满足孩子的需求，孩子当然会更愿意好好地配合父母了。

也有一些孩子做事情的速度比较慢，一则是因为他们并不赶时间，二则是因为他们对于时间的感知还没有那么准确。为了让孩子的动作快起来，提升孩子学习的效率，父母不要一味地催促孩子，因为催促并不能起到更好的效果。父母可以给孩子时间去成长，也应该帮助孩子形成时间意识，养成珍惜时间的好习惯，这样就能从根本上解决问题。当孩子意识到时间正在一分一秒地流逝，他们就会合理地安排时间，提升效率。

孩子在成长的每个阶段都有每个阶段的节奏，对于父母来说，既要尊重孩子在每个成长阶段的节奏，也要尊重孩子的意愿。虽然父母希望孩子早日成才的心理是可以理解的，但是很多事情欲速则不达。俗话说，心急吃不了热豆腐，就是这个道理。对于孩子的学习，如果父母急功近利，给孩子太大的压力，那么孩子一旦产生厌学的情绪，就会更加导致事与愿违。对于孩子的成长，父母要知道孩子必须亲身经历一些事情，才能够有所感悟，才能够有所改变。如果只是靠着父母的言传身教，孩子是很难在每个方面都表现得出类拔萃的。父母与其不停地唠叨、说教，还不如让孩子亲身去感受，这样孩子会成长得更快乐。

无条件地接纳和深爱孩子

面对着已经十几岁的孩子，你还能想起来刚刚得知小生命存在的时候那种喜悦的心情吗？在当时，你最大的愿望就是希望小生命能够健康地成长，能够顺利地来到人世间。等到新生命呱呱坠地之后，看着这个熟悉又陌生的小人儿，你最大的愿望是希望他不受病痛的折磨，每天都开开心心的。孩子进入幼儿园，你最大的愿望是希望孩子能够结交更多的小朋友，在同龄人的陪伴下快乐成长。然而，等到孩子进入小学，你原本不带任何附加条件的爱在不知不觉之间发生了变化，甚至连你自己都没有意识到这种变化的产生。你开始对孩子提出很多的期望，你期望孩子在学习上有优秀的表现，你希望孩子在同龄人之中能够更加出色，你期望孩子在成长的过程中能学会更多的技能。总而言之，你希望自己的孩子是最优秀的、最出类拔萃的。当孩子的表现与你的期待之间有着一定的差距时，你不知不觉之间就会对孩子感到失望，与此同时，你也并没有放弃对孩子提出更高的要求，你希望孩子能够完成你没有完成的梦想，你希望孩子能够做成你没有做成的事情。有一些传统的家庭中，父母还会希望孩子能够光耀门楣。不得不说，这些沉重的希望压垮了孩子稚嫩的肩膀，让孩子不堪重负。

每一个父母都认为自己是这个世界上最爱孩子的人，但是他们的爱却已经渐渐地沾染上了世俗的气息，也从无条件的爱变成了有条件的爱。要想让孩子获得安全感，父母就要无条件地接纳和深爱孩子，让孩子知道不管他们犯了什么错误，不管他们表现得能否让父母满意，父母始终都爱着他们，也始终愿意为他们提供最强力的支持。父母只有给予孩子这样的信心，孩子在遇到各种难题的时候才会主动地向父母求助。反之，如果父母总是对孩子各种不满意，孩子在表现不好的时候根本就不敢面对父母，那么当遇到困难的时候，他们又如何会信任父母呢？

除了对孩子寄予过高的期望之外，有些父母在和孩子相处的时候，看到孩子顽皮捣蛋，还会因为一时愤怒而说出一些恐吓孩子的话。例如，有些父母会吓唬孩子“你再不听话，我就让警察叔叔把你抓走”“你再不听话，妈妈就不要你了”“你再不听话，爸爸就把你送到奶奶家去，再也不把你接回来”。这样的话对父母而言也许是兴之所至，为了恐吓孩子随口说出来的，但是对于孩子而言，他们却会感到特别恐惧，因为孩子并不能判断爸爸妈妈说的是真话还是假话，目的真的是做到这件事情，还只是为了吓唬他们。又因为孩子还不能独立地生存，他们必须依赖父母才能生存下来，所以可想而知父母这样不负责任的话，对孩子造成的影响有多么大。

不可否认的是，孩子的确是非常淘气的。如果没有养育过孩子，我们也许会在跟孩子短暂相处的时间里非常喜欢孩子，但是当自己真正负责养育孩子，并且要照顾孩子的各个方面时，我们就会知道孩子是一个多么麻烦的小生物。他们不会像机器人一样听从指令，甚至哪怕父母打骂他们，他们也只能在短时间之内管好自己，而马上就会把父母刚刚教训他们的事情完全抛之脑后；他们还是一个会活动的生命体，这就让父母监管他们变得更困难。

孩子的生命那么脆弱，父母必须全方位地照顾孩子，才能让孩子健康快乐地成长。父母稍有疏忽，孩子就有可能受到致命的伤害。在此期间，父母还要做到无条件地接纳和深爱孩子，这对父母的要求真的很高。正是因为肩负着这样沉甸甸的责任，父母才应该时刻反思自己，也知道父母对于孩子意味着什么。

很多父母都抱怨孩子不知道感恩，却不知道孩子们有多么深爱和依赖父母。对于孩子们而言，家就是他们的整个世界，父母就是他们仰仗和赖以生存的天地。如果父母对孩子说出恐吓的话，让孩子感到内心恐惧，让孩子时刻都害怕自己会失去父母，那么孩子就不会有安全感，甚至会因此而陷入焦虑的状态之中。

青春期的孩子是非常敏感的，对于他们而言，父母的一言一行都会对他们产生一定的作用。对于青春期的孩子，父母要三思而后言。三思而后行，这是因为一句话说不好，就有可能在孩子的心中掀起波澜，尤其是当孩子表现不好或者犯了错误，或者在学习上的表现不能让父母满意的时候，父母更不要表现出嫌弃的意味，而要坚持正面管教的方法，与孩子积极地沟通，告诉孩子如何做会更好，而不要挖苦、讽刺和打击孩子。这些都会让孩子与父母之间的关系疏远，也会让孩子不愿意与父母亲近。

给孩子当好老师，做孩子的好榜样

众人皆知，父母是孩子的老师，却很少有人知道孩子是父母的镜子。每天早晨，作为成年人，我们在离开家门之前都会对着镜子整理自己的形象，女性朋友们还会画精致的妆容。那么在面对镜子的时候，如果发现镜子里的自己脸上有一块污渍，我们是去擦拭自己的脸还是去擦拭镜子呢？相信大家的第一反应都是擦拭自己的脸，如果脸没有擦干净，或者是经过检查发现脸上没有脏东西，那么我们接下来才会观察镜面是否沾染了污渍。同样的道理，父母在发现孩子的言行举止出现问题的时候，千万不要只顾着斥责孩子，而是应该首先反省自身的言谈举止。因为只有我们自己做得好，才能对孩子施以好的影响；如果父母本身做得不好，那么就会给孩子负面的影响，使孩子的行为表现也出现偏差。俗话说，上梁不正下梁歪，正是这个道理。

很多父母都缺乏自我反省的意识，随着新生命的诞生，原本的单身男女自然升级成为父母，就误以为自己会成为合格的父母、优秀的父母。实际上，自然升级的父母并不意味着我们是合格的父母、优秀的父母。古诗云，不识庐山真面目，只缘身在此山中，很多人都不能够意识到自身存在的问题，就是因为他们没有自我反省的意识，从来不会去反观自身做得好不好。很多父母看孩子都是以旁观者的角度去看，这样他们就又因为对孩子要求很高，所以会发现孩子身上的很多问题。有些父母在发现孩子的问题之后，能够采取积极的方式解决问题；有些父母在发现孩子的表现不能让自己满意之后，就会对孩子勃然大怒，歇斯底里。不得不说，前者的做法更有利于孩子的成长，而后者的做法对孩子成长毫无益处。

这些年来，原生家庭的概念被广泛关注。所谓原生家庭，就是孩子生存的家庭。原生家庭的家庭成员就是爸爸和妈妈。在家庭生活中，父母和孩子每天都在一个屋檐下生活，朝夕相处，父母的言行举止都会影响孩子。最重要的是，父母给孩子的影响是潜移默化的，而并非是父母有意识地对孩子施加的。这直接导致父母也无法控制自己给孩子怎样的影响，等意识到问题的时候，如果有反省意识，还能够认识到自己也需要改变；如果没有反省意识，则只会责怪孩子，这当然是让青春期的孩子非常抓狂的，他们根本不愿意接受父母以这样的双重标准来对待自己。

最近这段时间，妈妈发现彤彤完成作业的时间变得越来越晚了。原本，彤彤大概在晚上九点半之前就能完成作业，但是现在她每天晚上都要到十点半才能完成作业。要知道，彤彤才上初一啊，虽然作业量很大，比小学时候有所增加，但也不至于要做到这么晚。妈妈通过其他几个家长了解了孩子们完成作业的情况，知道有的孩子八点半就能完成作业，这才知道彤彤一定是出了什么问题。

有一天，趁着彤彤关起门来在房间里写作业，妈妈突然打开门走进去。她发现彤彤正在玩手机。看到彤彤这样的表现，妈妈非常生气，当即就没收了彤彤的手机。没想到，彤彤一开始还有点儿内疚，后来看到妈妈喋喋不休地指责她，索性与妈妈吵闹起来。她喊道：“你凭什么不让我玩手机？”妈妈也气昏了头，冲着彤彤喊道：“你凭什么玩手机？”

彤彤反问：“我凭什么玩手机？因为你能玩手机，所以我也能玩手机！”听了彤彤的话，妈妈一时语结，半天才生气地说：“我是成人啦，你是孩子！我已经上过学了，你现在正在学习，你就不能玩手机。”听到妈妈的话，爸爸赶紧走过来打圆场，对彤彤说：“以后我和妈妈除非工作和学习的需要，都不玩手机。手机窃取了太多人的时间。也让家里人之间的关系变得非常疏远，所以我们都不要再玩手机了，这样很公平。”

听了爸爸的话，彤彤愤愤不平地说：“如果你们能做到，我也能做到。但是你们不要借着工作的名义玩手机，我也会监督你们的。”说着，彤彤生气地关上门，开始写作业。

爸爸找了个机会对妈妈说：“从今以后，你也不要天天捧着手机看网剧了，对孩子影响不好。”妈妈很落寞地说：“为了孩子，我连自己的生活都没有了，电视不让看，怕影响他学习。我用手机看一下电视，声音关得小小的，也不让我看。那我干嘛呀？”爸爸说：“要不咱们也买些书看。以后彤彤学习的时候咱俩就看书吧，正好也可以进步，争取到学习型父母。你想啊，如果你现在正在认真工作，旁边有其他同事正在网上看大片，那你能专心工作吗？”听到爸爸这么说，妈妈沉默良久，才点了点头。

说起镜子，我们难免会想起照妖镜。所谓照妖镜，就是把很多妖怪照得现出原形，当然啦，在孩子心目中父母即使不是那么可亲可敬的人，却也不是妖怪。但是，父母的很多行为在孩子那里的确会被照出原行。有些父母不理解现在的孩子为何总是盯着父母，管着父母，这是因为随着时代的发展，孩子的平等观念越来越强。如果说父母在几十年前自己小的时候，从来不敢违抗自己父母的意愿，对于自己父母的任何指令都会照做，那么现在的孩子显然不会这样容易管理。

青春期之后，孩子的自我意识越来越强，他们把自己与父母独立开来，他们的思考能力越来越强，并且他们能言善辩，牙尖嘴利，所以会为自己进行辩护。从孩子成长的角度来说，孩子有这样的表现意味着进步；从亲子关系的角度来说，孩子有这样的表现，意味着父母要更加关注和看重孩子的感受，尊重孩子的意见。总而言之，在一个家庭里，父母要当好老师，也要给孩子照好镜子，这样才能和孩子一起成长，共同进步。

第04章

和孩子当朋友，顺畅沟通无障碍

和孩子当朋友，这听起来是一件非常浪漫的事情，但是真正要想做起来却有很大的难度。青春期的孩子正处于快速的身心发展阶段，体内的荷尔蒙急速分泌，使得孩子的情绪波动比较大，神经也变得更加敏感，自尊心尤其脆弱。在这样的情况下，孩子常常会发怒，暴躁不安，也会关闭自己的心扉，不愿意沟通。父母必须跨过沟通的这道坎，与孩子之间建立顺畅的沟通渠道，也真正地把孩子当朋友，理解和支持孩子。

倾听，是沟通之始

说起沟通，很多人都误以为沟通就是要滔滔不绝地诉说自己的心声，就是要打探别人的心事，了解别人的真心。实际上，真正的沟通既不是从表达，也不是从打探消息开始的，而是从倾听开始的。父母要想与孩子建立良好的沟通渠道，就要认真倾听孩子的心声，也要理解和尊重孩子。

很多父母都抱怨，孩子自从进入青春期之后，就向父母关闭了心扉，不愿意对父母表达自己的所思所想，也不愿意把自己的心事告诉父母。实际上，并不是孩子不愿意倾诉，而是孩子在父母那里没有得到爱与理解、宽容与激励。如果父母知道倾听的重要性，给予孩子尊重和关爱，也在孩子需要的时候给予孩子包容和理解，那么孩子一定愿意与父母沟通。

当父母对孩子没有包容，没有理解，而是常常否定和打击孩子的时候，孩子就会感到不信任父母，也会与父母越来越疏远。尤其是对于青春期的孩子而言，他们因为没有得到想要的对待，还会更加叛逆。遗憾的是，现实生活中有很多父母都不知道如何倾听孩子，也不知道如何与孩子进行沟通。

现代社会中，生活的压力越来越大，工作的节奏越来越快，父母为了给孩子提供更好的生活和成长条件，常常需要不遗余力地投入工作，在无形中就忽视了与孩子进行沟通。父母应该与孩子更多地沟通，也应该给予孩子更多的帮助，这样才能让孩子在父母的爱与关切之下开开心心地成长。

新生命从呱呱坠地开始就接受父母无微不至的照顾，接受父母全心全意的关爱，父母是孩子的老师，也应该是孩子的朋友。父母只要用心地与孩子相处，就会成为最了解孩子的人。与此同时，孩子也最需要得到父母的陪伴和支持。父母只要用心地观察，就会发现孩子在进入青春期之后有了明显的变化。在儿童阶段，孩子们每天都愿意和父母说一些事情，有的时候父母简直认为孩子就是话痨。尤其是在从幼儿园或者小学放学之后，孩子就会喋喋不休地向父母讲述在学校里发生的事情。但是在进入青春期之后，以进入初中为明显的时间节点，孩子们就变得沉默了。他们不管有什么心事都不愿意告诉父母，也不想跟父母过于亲近，而更愿意亲近同龄人。这是因为孩子处于特殊的成长阶段。为了能够拉近与孩子之间的距离，增进与孩子之间的交流，父母应该更加理解孩子。一切的教育都应该建立在沟通的基础之上，家庭教育尤其如此。父母要注重沟通的作用，这样才能够与孩子更好相处，在此基础上再对孩子施以教育。

不要再抱怨孩子不愿意向父母敞开心扉，这一切的根源都在于父母不是一个好的倾听者。父母只有从倾听开始，才能渐渐地打开孩子的心扉。在倾听的时候，父母要做到以下几点。首先，即使不赞同孩子的观点，也不要当即否定孩子。很多父母在孩子说出自己的观点之后马上就会否定孩子，这使孩子不愿意继续对父母说出自己的真心话。其次，即使孩子的观点是错误的，父母也不要批评孩子。如果父母批评了孩子，那么孩子未来再有各种观点的时候，就不愿意告诉父母。再次，不管手里正在忙什么事情，当孩子需要倾诉的时候，父母应该放下手中的事情，认真地倾听孩子，并且给予孩子积极的回应。父母们总有忙不完的事情，例如忙工作，忙家务，但是和这些事情相比，孩子才是最重要的。父母应该知道自己之所以这么努力拼搏，就是为了让孩子健康快乐地成长，所以父母应切勿本末倒置，而是应该给予孩子更多的关注和陪伴。最后，父母要尊重孩子的想法，在发生与孩子有关的事情时，父母要征求孩子的意见。有的时候，在家庭事务中，父母也可以采纳孩子的意见。这样能让孩子感到自己受到了尊重，也意识到自己是家庭的重要成员，所以孩子才会形成主人翁意识，也会渐渐地形成责任感。

做到这四点，父母就可以认真地倾听孩子，也可以得到孩子的认可。当然，既然要当孩子的朋友，那么父母就应该怀着尊重和平等对待孩子的态度。有些父母虽然倾听孩子，却对孩子居高临下，对孩子发号施令，这显然不是孩子想要得到的。在倾听孩子的过程中，父母还要观察孩子的神色，观察孩子的言行举止。如果孩子并不善于用语言表达自己，那么父母还可以通过察言观色来洞察孩子的内心，这样父母才能真正了解孩子，也才能给予孩子需要的帮助和陪伴。

不唠叨，不过度说教

心理学上有一个超限效应，意思是说，做一件事情如果超过了正常的限度，就会起到物极必反的效果，如妈妈的唠叨就是如此。在日常生活中，妈妈对孩子的关心是更加细致的，所以妈妈对孩子的叮嘱和唠叨也会更多。尤其是在孩子犯了错误的情况下，妈妈往往反复叮咛，殊不知，对于青春期的孩子而言，这样的反复说教、过度说教非但不能起到预期的效果，还有可能导致相反的效果。这是因为孩子如果被妈妈说得厌烦了，就会故意与妈妈对着干。为了避免超限效应出现，我们应该不唠叨，不对孩子过度说教。如果确实需要与孩子沟通，那么可以尽量言简意赅。当发现孩子很有兴致，想要继续沟通的时候，妈妈再与孩子进行更深入的讨论和交流，这是更合时宜的。

在《西游记》中，每当唐僧开始喋喋不休地念咒语或者是唠叨时，孙悟空就会觉得头痛欲裂，这是因为唠叨让孙悟空感到难以忍受。现实生活中，妈妈也常常会唠叨，如催促孩子赶紧完成作业，完成作业了再玩，让孩子主动地预习复习，让孩子晚上积极地洗漱，按时上床睡觉。这些话语都是妈妈爱的叮咛，但是如果用在不合时宜的地方，孩子未必能够感受到妈妈爱，甚至还会对妈妈心生厌烦。曾经有调查显示，有90%以上的青少年都认为自己的爸爸妈妈太喜欢唠叨了，他们最大的心愿就是希望爸爸妈妈不再唠叨。那么，到底是什么唠叨呢？唠叨有什么特征呢？有的时候孩子认为父母是在唠叨，而父母却认为自己并不唠叨，在这样的情况下，父母与孩子之间的感觉就是完全不同的。

所谓唠叨，指的是一个人反复说相同的事情。对于一个听力正常、记忆力也正常的人来说，如果不能够把这些事情记在心里，即使反复唠叨也是没有用的。相反，如果我们想要记住一件事情，想让自己做得更好，那么即使他人不唠叨，我们也会牢牢地记住。所以，过度的说教并不能加深孩子的印象，增强孩子的自制力，反而会让孩子因为厌烦而做出反抗的举动。面对青春期的孩子，明智的父母会了解孩子的身心发展特点，也会知道孩子的情绪状态，从而以更合理的方式对待孩子，这样才能起到更好的效果。

有人说，唠叨是爱的表达，那么在表达爱的时候，父母应该讲究方式方法。如果孩子的情绪很好，那么父母可以和孩子絮叨几句。不过，大多数青春期孩子并没有耐心听父母的絮叨，所以父母可以与他们进行更简洁有效的沟通。有的时候父母看似一直在唠叨，孩子看似一直在听，实际上孩子对于父母说的是什么根本充耳不闻，也根本不加以理睬。这就使得父母的唠叨毫无作用。

沟通的方式有很多，除了进行语言的表达之外，还可以进行书面的表达，也可以使用很多通信手段，这样都能够起到更好的效果。有些时候，无声胜有声，父母即使什么都不说，而只是给孩子一个眼神，或者是一个鼓励的微笑，就比唠叨的效果更好。

一个人之所以只长了一张嘴巴，却长了两只耳朵，就是为了要少说多听。在与孩子沟通的过程中，父母应该尊重孩子，与其对孩子喋喋不休说个没完没了，还不如用心地倾听孩子，了解孩子的情绪和感受。只有了解了孩子，我们才知道应该如何对待孩子，也只有尊重孩子的感受，我们才能够赢得孩子的信任。如果父母总是以唠叨让孩子内心感到压抑，那么日久天长，孩子就会变得越来越沉默、他们在以这样的方式与父母对抗，也在以这样的方式告诫父母他们并不喜欢听到唠叨。所以在和孩子沟通的时候，父母一定要察言观色，既要观察孩子的情绪状态，也要观察孩子对父母所说的话语有怎样的反应，从而进行及时的调整。具体来说，我们要做到不唠叨，不说教，就要坚持以下几点。

首先，我们要理解和信任孩子，要对孩子放手。很多父母之所以对青春期的孩子唠唠叨叨，都是在说一些不值一提的小事。这些小事情对于年幼的孩子来说也许的确需要父母的提醒才能完成，但是对于已经进入青春期的孩子来说，其实父母并不要需要这样反复地叮咛。

举个简单的例子，孩子出门玩儿，父母反复叮嘱孩子要多喝水。如果是一年级的孩子或者是幼儿园的孩子，那么他们有可能因为玩得太高兴而忘记喝水，但是对于初一的孩子来说，他们感到口渴的时候自然就会为自己补充水分。不能放手是导致父母唠叨孩子的根本原因，父母应该认识到孩子已经渐渐地长大了，要相信孩子有照顾自己的能力，这样父母自然也就不会再无休止地唠叨了。

其次，给孩子合理的建议。青春期的孩子已经具备了一定的思考能力和选择能力，在面对很多事情的时候，他们可以经过思考作出判断，然后再进行选择。在遇到一些选择题的时候，父母要给予孩子更大的权利，让孩子能够渐渐地走向独立。很多父母习惯了事无巨细都代替孩子去做。如果孩子做的不能达到他们的预期，他们就会反复唠叨，这其实是对孩子不信任的表现。这与我们所说的第一点——对孩子放手有着共同之处。

当然，日常生活中，有些孩子并不能够管理好自己，所以需要父母反复催促。那么，当孩子对父母的催促感到厌烦的时候，父母应该采取行之有效的措施避免出现这样的情况。例如，父母可以与孩子事先达成协议，让孩子形成契约精神，也让孩子养成良好的习惯，这样孩子就会自然而然做他该做的事情。

如果孩子放学回到家里只想玩游戏，并不想第一时间就完成作业，那么父母可以和孩子约定放学回家的第一件事情就是写作业，只有在写完作业且没有到睡觉时间的情况下，孩子才可以玩半个小时游戏。随着对这个行为的强化，孩子就会知道自己何时可以玩游戏，也就无须再违规玩游戏。而父母呢，则不再需要每天都提醒孩子玩游戏的时间。孩子在形成习惯之后，会在该写作业的时候写作业，该玩游戏的时候玩游戏，亲子双方都会感到很轻松。

最后，言多必失，祸从口出。父母要始终牢记这个原则。青春期的孩子是非常敏感的，父母如果说得太多，也许哪一句话就会让孩子反感。父母应该管好自己的嘴巴，不要总是对孩子过度说教，而是要言简意赅地向孩子传达信息。如果想和孩子沟通和交流，那么应该观察孩子的情绪状态，看看孩子是否谈兴正浓，再决定下一步的举动。

青春期的孩子更渴望获得独立，所以父母没有必要始终都陪伴在孩子的身边，给孩子独立的成长空间，在孩子需要的时候给予孩子安抚和支持，这样才是更好的相处方式，也能让亲子双方都觉得更轻松自如。

总而言之，父母们一定要记住一个道理，那就是要想与孩子建立良好的沟通渠道，形成良好的沟通模式，就必须戒掉唠叨，也必须避免过度说教。要知道，对于孩子而言，得到父母的尊重和信任，他们就会主动做出更好的表现。如果父母不尊重他们，也不信任他们，而是如同唐僧念经一样反复唠叨唠叨，那么他们就有可能被激发起叛逆心理，故意与父母对着干。

要想给予孩子积极的正向作用，父母还可以身教的方式给孩子树立榜样。父母对孩子潜移默化的影响力是很大的，孩子在生活中会默默地观察父母。当他们发现父母在某些事情上的表现时，就会模仿父母的样子去做，这岂不正是父母想要的结果吗？

多多激励，少批评

从孩子小时候开始，父母已经习惯了居高临下地对孩子下达命令，然而孩子已经渐渐成长，父母还停留在孩子幼小的阶段。进入青春期之后，孩子的自我意识越来越强，父母如果不能改变方式对待孩子，不能以合理的方式与孩子沟通，那么就会激发起青春期孩子的叛逆心理，导致与孩子的关系剑拔弩张。

很多父母都会感到惊讶，因为他们在说一些事情的时候并没有刻意地挖苦或者讽刺孩子，但是孩子在听到了之后却勃然大怒，甚至为此与父母之间发生矛盾和争执，这是为什么呢？这是因为孩子的心态发生了变化。在进入青春期之后，孩子的自我意识越来越强，他们的自尊心也越来越敏感。如果父母还是像孩子小时候一样，口不择言、不假思索地与孩子沟通，那么说不定哪一句话就会激怒孩子。人们常说要谨言慎行，三思而行，我们说与孩子沟通需要三思再说。

除了要以谨慎的态度与孩子沟通之外，在与孩子沟通的时候还要坚持哪些原则呢？其实原则有很多，这也要根据孩子不同的特点来决定。其中，最重要的原则就是多多激励，少批评。这是因为激励可以帮助孩子培养信心，也能以期待的方式让孩子有更好的表现，而批评则会打击孩子的信心，甚至让孩子故意与父母对着干。

明智的父母在与孩子沟通的时候，会坚持多激励、少批评的原则。对于孩子而言，父母的激励和赞扬就像是阳光和雨露，能够滋润他们不断成长，使他们的自信心越来越强，而且能够让他们在遇到坎坷和挫折的时候，始终鼓起勇气和希望努力前行。

现实生活中，很多父母都没有意识到，对于孩子而言，鼓励的作用居然有这么大，甚至和阳光雨露一样重要。在意识到这一点之后，父母要坚持激励和表扬孩子。和严厉的批评与苛责相比，温柔的鼓励和赞扬会让孩子形成新的自我认知，也让孩子坚定不移地做得更好。在父母的鼓励和赞扬之下，孩子会拥有积极的心态，即使遭遇一些磨难，他们也会勇往直前。有一位教育专家说，好孩子都是夸出来的。父母的激励最终会让孩子发自内心地改变，也会让孩子竭尽全力去做到更好。尤其是青春期的孩子，自尊心特别敏感，且常常会因为缺乏自信而自卑，如果父母都不能认可和赞扬孩子，孩子又从哪里得到自信呢?

德国前总理科尔在欧洲的政坛上留下了鼎鼎大名，也做出了丰功伟绩，但是大家都不知道，他小时候性格内向，在进入青春期之后更是沉默寡言，反应总是特别慢，和正常人的反应相比会慢半拍。为此，他遭到了很多孩子的嘲笑、讽刺，因为不能承受这样的嘲笑和讽刺，他曾经对自己的评价非常低。他认为自己不管做什么事情都做不好，得知了科尔这样的想法之后，父亲一直在鼓励他，希望他能够鼓起信心勇敢前行。

为了激励科尔，父亲带着科尔一起去看海。科尔第一次看到大海很兴奋，他看到有一群鸟正在海滩上争夺食物。父亲借此机会告诉科尔："这些鸟儿在海滩上争抢食物，它们非常机敏，每当海浪卷来的时候，它们就会飞上天空。虽然海燕的身体很小，但是它们反应非常敏捷，所以总能够躲过海浪的袭击。和身材娇小的麻雀相比，海燕虽然身形很强壮，但是却显得很笨拙，每次海浪袭来，海鸥的反应总比海燕慢。那么，你知道海燕和海鸥之中到底谁能够飞越大海吗？”

科尔陷入了沉思，思考着父亲的问题。这个时候，父亲对他说：“海燕尽管非常机敏，但是它们没有体力飞跃漫无边际的大海，看似笨拙的海鸥虽然行动比海燕慢，但是它们的体力很强，而且拥有顽强的意志力。他们不怕海面上的狂风暴雨，所以最终能够飞越大海，能够到达彼岸。你虽然反应比别人慢半拍，但是你应该让自己成为海鸥，坚持去做自己感兴趣的事情，这样才能有所收获，有所成就。”

得到父亲的激励之后，科尔终于鼓起了自信，他不再自卑，也不再封闭自己，而是勇敢地尝试做一些事情。以前，他从来不敢当众讲话，但是现在他会激励自己当众演讲。即使第一次演讲表现得并不好，那也没有关系，他选择继续努力。有的时候，学校里举行集体活动，他也不会蜷缩在某个角落里，恨不得所有人都不看到他，而是会坚持站在队伍的最前面，让所有人都看到他。

就这样，科尔逼着自己每天都进步，最终他不再是那个沉默寡言、内向自卑的科尔了，而是渐渐蜕变成勇敢自信、无所畏惧的科尔。正是因为如此，他才能够成为德国在世界大战之后任期最长的总理。科尔的成长离不开父亲的鼓励。作为父母，我们也应该多多鼓励孩子，也许我们的鼓励并不能让孩子马上就发生变化，但是当我们坚持鼓励孩子，也坚持努力引导孩子，孩子的变化就会一点一滴地发生。

在鼓励孩子的时候，我们应该坚持一些原则。很多父母鼓励孩子会说一些空泛的话，对于孩子而言，也许刚开始听到这些话的时候会受到激励，但是当听到这些话的次数越来越多，他们就不会把这些话放在心上了。甚至当听到父母不假思索地说出这些话的时候，孩子还会非常排斥和抗拒。要想让鼓励对孩子起到预期的效果，父母就要做到以下几点。

首先，要发现孩子不为人知的优点。对于那些孩子那些显而易见的优点，父母的表扬往往过于泛滥。只有发掘到孩子不为人知的优点来认可和表扬孩子，才能够让孩子感受到父母的用心。

其次，表扬孩子的时候要更加具体，要表扬孩子做的某一件具体的事情。例如说孩子勤奋，不如具体说孩子今天用了三个小时拼完了积木，特别有毅力。和这两种表扬相比，前者是泛泛而谈，后者却是更生动具体的，也会对孩子起到更好的激励作用。

再次，鼓励一定要及时。很多父母平时和孩子接触比较少，孩子有了进步，父母并没有看到，等到时间过去了很久再来鼓励孩子，这样当然不会起到预期的效果。父母要多多了解孩子，及时看到孩子的进步和成长，也及时给予孩子鼓励，这样孩子才会越来越充满力量。

最后，对孩子要以激励为主，而不要总是盲目地夸赞孩子。夸赞会让孩子自高自大，让孩子形成错误的自我认知，而激励和鼓励却会让孩子以现在为基础，追求更好的成长和进步，这样孩子才能充满动力，努力向前。鼓励孩子要了解孩子目前所做出的表现，也要对孩子的未来提出期望，才能产生良好的效果。由此可见，鼓励和激励是比夸赞更难的，父母要坚持给予孩子这样的成长动力。

人的本能是趋利避害，每个人都渴望得到他人的认可与赞赏，而不喜欢被他人批评和否定，不仅孩子如此，成人也是如此。在孩子成长的各个阶段中，青春期的孩子对于鼓励和激励的渴望是更为迫切的，我们固然要当严格的、有威严的父母，也要经常给予孩子鼓励，让孩子感受到我们对他们的信任。有的时候，鼓励不用长篇大论，而是可以给孩子一个赞赏的眼神，或者给予孩子一个肯定的微笑。当父母坚持这么去做，孩子就能从父母的言行举止中感受到父母对他们的认可，这样他们就会获得更强大的力量。

不要用语言羞辱青春期孩子

作为父母，如果想挑衅青春期的孩子，那么，用语言羞辱就是最为行之有效的手段，甚至接下来发生的事情还会让父母感受到失控带来的恐惧。这是因为父母没有预期到孩子面对羞辱居然会有如此强烈的反应。太多的父母都秉承传统的教育观念，觉得自己既然生养了孩子，所以有资格随心所欲地对孩子说很多话，也可以对孩子发号施令，还可以在暴怒之余羞辱孩子。最终，父母会发现，如果说孩子小时候对父母逆来顺受，也会对父母的羞辱不以为然，那么随着不断成长，在进入青春期之后，孩子的自尊心会越来越强，孩子对于父母的羞辱也渐渐地无法忍受。有些孩子脾气比较暴躁，在父母言辞激烈的羞辱之下，甚至会做出一些过激的事情。为了避免亲子关系变得越来越恶劣，也为了避免发生极端的事件，父母在与孩子沟通的时候，一定要控制好自己的情绪。不管多么冲动或者是愤怒，也不要对孩子进行语言的羞辱，否则这样做的后果是会让父母追悔莫及的。

很多父母认为所谓的羞辱就是带有恶意，故意用语言刺激和伤害他人。实际上，父母很多看似正常的言论也会使孩子觉得受到羞辱。例如，同样的一句话，父母觉得没有关系，但是孩子听了之后却勃然大怒，父母还不知道是怎么回事儿呢，孩子就已经歇斯底里地哭了起来。这是父母和孩子在羞辱上的理解存在误区。那么，应该以谁的理解为标准呢？父母也许会说，孩子太过脆弱，有一颗玻璃心。其实不管是语言还是行为，只要是落到他人身上，就应该以他人的感受为准。又如，一个相扑选手一拳打在一个瘦弱的人身上，把瘦弱的人打得扑倒在地，相扑手觉得自己并没有用力，瘦弱的人却觉得无法承受。在这种情况下，相扑手当然要调整自己的力道，而不能要求那个瘦弱的人具有更强大的承受力。

同样的道理，在与孩子进行言语沟通的时候，虽然我们不能只从自己的身上寻找原因，对孩子温言细语，但是我们应该从两方面下手，帮助孩子增强心理的承受能力。家庭是一个温情的环境，作为父母不要认为在家庭里不管说什么都可以，如果父母说出一些出格的话，那么激动的孩子就有可能反应过度，甚至导致亲子关系破裂。

父母的评价对于孩子来说影响很深，因为孩子还缺乏自我评价的能力，所以他们往往会把父母的评价作为自我评价，在这样的情况下，父母如果给孩子过低的评价，就会让孩子感到自卑，认为自己是不值得赞赏的；父母如果给孩子过高的评价，又会让孩子觉得自己的能力很强，因而变得狂妄自大。所以父母应该给予孩子中肯的评价，在和孩子沟通的时候，不要在语言上过于随意。毕竟父母的言行举止都会给孩子很深的影响，尤其是青春期的孩子，一旦被父母伤害，那么他们甚至在一生之中都会记得这样的伤害，也会因此而与父母疏远。有些父母希望孩子乐观开朗，不喜欢孩子孤僻敏感，却不知道根本的原因出在自己的身上。

很多父母都习惯于以负面的方式与孩子沟通，其实父母应该养成以积极有效的方式与孩子沟通的好习惯。例如，同样的话不要带着质疑的语气说出来。面对孩子犯错误，可以告诉孩子如何做才能更好，这样就能起到正面管教的作用。偏偏很多父母都没有这方面的意识，又因为在说话的时候不假思索，所以不知不觉间就会踩入孩子的雷区，让孩子爆发。

生活中，父母对于孩子最大的羞辱就发生在面对孩子不尽如人意的学习成绩时。父母会说孩子怎么这么笨，或者抱怨孩子是个拖拉鬼，这些语言都给孩子贴上了负面标签，使孩子认为自己的表现就只能这样。渐渐地，孩子就会认可自己就是这样的人，也就不会积极地进行改变，更不会努力做得更好。

还有一些青春期的孩子桀骜不驯，常常会不由自主地与父母作对，这也会让父母对孩子作出负面的评价。然而，不管孩子因为什么原因顶撞父母，父母都不应该用羞辱性的语言对孩子下定论，否则孩子就会真的如同父母所说的那样变得特别傻，特别笨。既然好孩子都是夸出来的，那么我们就应该努力发掘孩子身上的闪光点，给予孩子积极的鼓励。需要注意的是，父母在鼓励孩子的时候应该以事实为基础，而不要不切实际地夸赞孩子。如果孩子对一些事情没有做好，那么父母不要睁着眼睛说瞎话，要有艺术地批评孩子。只有真正发现孩子表现很好，发掘出孩子的优点时，父母才要鼓励孩子，给予孩子更多的认可。

其次，父母尽量不要把孩子拿去与其他孩子比较。其实，既然孩子没有把自己的父母的与别人的父母比较，我们作为父母又为何要把自己的孩子与别人家的孩子进行比较呢？进行这样不正确的比较，会否定孩子的努力，也会让孩子觉得自己一无是处。所以虽然这些语言从表面看起来不是羞辱性的话，但是却会让孩子产生深深的挫败感，也会伤害孩子健康的心理。

最后，在与孩子沟通的时候，尽量不要假设。很多父母常常会对孩子说，如果怎么样。实际上，很多已经发生的事情是不可能改变的，所以父母不管说什么，只要孩子做出了选择，结果都不会改变，孩子必须承担自己选择的结果。也有些父母假设自己如果是孩子会怎么做，也以此启迪孩子应该如何去做。从本质上而言，这样带有强烈主观意味的表达方式并不能得到孩子的认可，孩子也常常会因此而对父母产生强烈的抗拒心理。

那么，父母应该采取哪种方式与孩子进行沟通呢？父母要牢记一点，那就是与孩子沟通的目的不是为了过过嘴瘾，也不是为了发泄怒气，而是要真正地解决问题。父母要意识到，对于孩子而言，很多时候父母都是局外人，既然是局外人，就不能代替孩子作决定，就要学会站在孩子的角度上看待问题，并且能够在孩子的想法与父母的想法有分歧的时候，理解和尊重孩子的想法。父母要使用那些孩子喜欢、接受的表达方式去与孩子沟

通，这样才能营造良好的亲子关系，增进亲子感情。

人与人之间的尊重是相互的，很多父母抱怨孩子从来不知道尊重自己，却忽略了自己也从来不尊重孩子。父母作为亲子关系的主导者，首先应该尊重孩子，才能得到孩子的尊重，这一点是毋庸置疑的。那么在与孩子沟通的时候，如果父母想对孩子提出建议，就要以委婉的方式对孩子表达，而不要颐指气使地给孩子下命令。青春期的孩子叛逆心很强，一旦激起孩子的叛逆心理，就会让沟通更加无法进行下去，这也就违背了父母对孩子开展家庭教育的初心。

正话反说，与叛逆期孩子沟通

很多细心的父母都发现，青春期的孩子最不擅长做的事情就是对父母言听计从，最喜欢做的事情就是与父母针锋相对。其实孩子并非故意与父母作对，而是因为他们的身心都处于快速成长和发展的阶段，又因为他们体内荷尔蒙大量分泌，所以他们自我的意识越来越强，他们更渴望维护自己的主权和权益，这就使得他们对父母会产生本能的抗拒。

有一些孩子叛逆心理特别严重，他们对父母已经形成了固定的相处模式。父母说要向东，他们偏偏要向西；即使父母说的是正确的，他们也心知肚明父母是为了他们好，但是他们还是忍不住要和父母对着干。青春期孩子半大不小，看起来有些孩子的身高已经超过了父母，但是他们依然缺乏生活的经验，对社会的认知也没有那么全面，这决定了孩子虽然觉得自己已经长大了，可以独立自主了，但是实际上他们所想的很多事情未必正确。在这样的情况下，父母眼睁睁地看着孩子要去撞南墙，总是忍不住想为孩子指出错误，希望孩子能够改正。面对坚持己见的孩子，父母往往会心急如焚。在看到孩子受到伤害之后，父母又会心痛不已。那么在看到青春期孩子这样的举动和表现之后，父母到底应该怎么做才能把话说到孩子的心里去，让孩子听从父母的建议，采纳父母的建议呢？

父母除了要调整说话的方式，把话说到青春期孩子的心里去之外，还可以采取一些策略让孩子乖乖地听话。例如，正话反说就是一个非常好的沟通方式。对于处于叛逆期，特别叛逆的孩子而言，效果将会很好。但是在使用这个方式的时候，要注意不能频繁多次地使用，否则一旦孩子识破了父母的伎俩，父母再采取这个措施时，效果就会非常糟糕了。而且，孩子也会因为发现父母对他们玩弄伎俩而疏远父母，甚至抗拒父母，这就得不偿失了。

上了初二之后，浩浩坚持要让爸爸妈妈给他买一辆自行车，因为他想和几个同学一样骑着自行车上学和放学。爸爸妈妈经过了解，发现那几个同学的家离学校都比较近，才三四里路，但是浩浩家距离学校比较远，大概有十里路。想到路上有那么多的汽车川流不息，又想到浩浩骑行这么远的路程会很疲惫，影响上课的效果，爸爸妈妈表示反对。

让爸爸妈妈没有想到的是，平日里非常听话的浩浩这次却非常固执，爸爸妈妈越是反对，他越是坚持。看到浩浩心意已决，爸爸妈妈只好改变策略，同意给浩浩买一辆自行车。自行车买到家里之后，对于浩浩骑自行车的计划，爸爸妈妈召开了家庭会议，和浩浩一起讨论。浩浩原本想有的时候骑自行车，有的时候让爸爸去送他，但是爸爸妈妈却说："既然你已经决定骑自行车上学，我们认为你应该坚持一段时间，至少要以学期为单位来进行调整。在一个学期之内，除非天气情况恶劣，刮风下雨或者是地面结冰，否则你就要自己骑自行车上学。"听到爸爸妈妈这么说，浩浩不免犹豫起来：如果遇到风很大的天气，或者是很热或者是很冷的天气，我骑自行车岂不是很辛苦吗？妈妈语重心长地对浩浩说："做什么不辛苦

呢？爸爸妈妈工作也很辛苦，但是却依然要努力去做好工作。如果你不能坚持骑自行车，那么你就选择让爸爸送你，在休息的时候骑自行车，你可一定要想好。其实我跟爸爸是很希望你能够骑自行车上学放学的，这样我们就不用天天接送你啦，也会感到比较轻松。”

听到妈妈态度发生了180度的大转弯，浩浩反而有些疑虑。他认真地思考着说：“一个学期要上90多天的课，这意味着除了刮风下雨，我至少要骑车差不多80多天，每天去的时候10里路，回来时10里路，我一天要骑20里路呢。而且早晨如果爸爸送我去上学，我可以六点半起床，只要十分钟就能从家门进校门。我自己骑自行车需要大概半小时，那么我六点钟就要起床，我还要带一个T恤到学校去换，因为骑完车子我浑身都会湿透了。”思来想去，浩浩最终决定：“还是让爸爸送我吧，然后我等休息的时候自己骑自行车出去玩，过过骑自行车的瘾。”

听到浩浩给出了这样的回答，爸爸妈妈如释重负。路上车辆那么多，他们很担心浩浩的安全，又因为路程较远，所以他们也担心浩浩太累，影响学习，现在他们正话反说，反而让浩浩意识到骑车上学存在的重重困难。在此之前，他们一直在反对浩浩骑自行车，所以浩浩骑自行车的主意已定，现在他们支持浩浩骑自行车，浩浩反而冷静下来，考虑到骑自行车的很多弊端，因而做出了明智的选择。

大多数父母在与孩子沟通的时候，都会采取说教的方式，他们想方设法地说服孩子，让孩子接受自己的建议，让孩子按照自己的命令去做，却忽略了孩子的感受，这很容易让孩子感到厌烦，甚至因为被激发起叛逆心理而故意与父母对着干。既然父母想要得到一个相反的结果，为何不采取正话反说的方式呢？所谓负负得正，当父母正话反说，孩子也很叛逆，那么就能够得出一个正确的结果。当然这个方法是比较危险的，因为一旦被孩子识破，就会导致这个方法全面失效。

正话反说是以青春期孩子的叛逆心理为基础的，其实凡事都有两面性，仅从表面看来，孩子处于青春期非常叛逆，这对孩子的成长是不利的。但是，父母应该根据孩子的心理状态和特点，对于孩子的逆反心理进行利用，这样说不定还能够让孩子以赌气的方式达到父母的预期呢！

在使用正话反说这个沟通技巧的时候，父母一定要把握好频率，切勿频繁使用。此外，父母还要为孩子制定合适的目标。正话反说实施的基础是知道如何刺激孩子，这样才能达到想要的结果。如果父母对孩子刺激过度，使孩子情绪崩溃，和父母发生争执，甚至与父母争执起来，那么结果就是非常糟糕的，甚至还会伤害亲子之间的感情。此外，正话反说的关键在于沟通和表达。在表达的时候，父母一定要把握好时机，也要掌握好刺激性语言的分寸。所谓凡事皆有度，过度犹不及，如果父母对孩子刺激过度，践踏孩子的尊严，侮辱孩子的人格，那么孩子就会做出使父母震惊的举动，也起不到预期的效果。

正话反说与激将法有着异曲同工之妙，有的时候，为了让正话反说起到作用，父母还可以适度地使用激将法，激发孩子的叛逆心，激发孩子的求胜心理，这些方法综合使用会让父母与孩子的沟通更有效。

与叛逆期的孩子沟通，很多父母都感到特别为难，其实叛逆期的孩子并非完全不讲道理，只要父母以正确的方式与孩子进行交流，也了解孩子的心理特点和脾气秉性，那么在综合因素的作用下，亲子之间的沟通就会越来越有效。

第05章

青春期正面管教的要点，不与“叛逆”正面交锋

当孩子进入青春期，表现出叛逆的特点之后，很多父母因为心急，往往会与孩子的叛逆正面交锋。实际上，这并不是明智的举动，因为孩子青春期表现出叛逆的特点并不是故意为之，而是因为身心发展处于特殊的阶段所决定的。他们体内分泌大量的生长激素，所以从生理到心理方面都会发生巨大的变化，父母对于孩子的引导应该顺势而为，因材施教，切勿进入管得越多、孩子越叛逆的误区。

尊重孩子的个性，切勿矫枉过正

孩子特别喜欢模仿，他们的模仿能力是很强的。别说是青春期的孩子了，即使是小小的幼儿或者是儿童，也很喜欢模仿父母的言行举止。在进入青春期之后，孩子走出家门，走入学校，开始与社会生活有更多的接触，所以他们模仿的天性就更是发挥得淋漓尽致。孩子原本就喜欢追求时尚，追求个性，因而他们在穿衣打扮、行为举止上很容易走入猎奇的误区。

例如，为了吸引他人的注意，他们会故意穿着奇装异服，还会给自己打理一个非常怪异的发型；有一些孩子盲目追求时尚，跟风同学，或者是社会上的闲杂人等，打耳洞、打唇钉等。总而言之，他们想以各种方式来彰显自己的个性，表现出自己标新立异的特质。不得不说，孩子这样的行为已经超出了追求完美形象的范畴，他们这属于另类打扮，是缺乏主见，盲目随大流的行为表现。

当看到孩子进入青春期以后表现得与以往截然不同，而且为了追求时尚，做出很多出格的事情，父母往往会感到很为难，不知道如何才能引导孩子，使孩子形成正确的审美观，也不知道如何才能改变孩子的现状。实际上，解铃还需系铃人，父母要想帮助孩子纠正穿着奇装异服、行为标新立异的不良习惯，就要通过孩子行为的表面看到孩子在行为背后隐藏的心理原因，这样才能够有的放矢，对症下药。

父母需要注意的是，在与孩子进行交流的时候，不要盲目地自说自话，也不要对所有孩子都采取一刀切的方式，更不要把别人教育孩子的成功经验套用到自家孩子的身上。这是因为每个孩子都是独立的生命个体，他们都有自己独特的个性。如果父母把自家的孩子变成了流水线上的商

品，要求孩子在每个方面都符合社会的评判标准，那么孩子就会失去个性，这样的教育是矫枉过正的。

父母不管采取何种方式教育孩子，都应该以尊重孩子的个性为基础，而且还要注重培养孩子的创新能力、思维能力。通常情况下，那些追求标新立异的孩子都具有很强的创新能力，也敢于突破传统的思想局限，大力发展自己的个性。那么在此基础上，父母要引导孩子发挥特长，激发孩子的潜能，让孩子能够扬长避短，发展核心竞争力。

具体来说，父母如何能够做到尊重孩子的个性，培养孩子的特长，发展孩子的优势呢？首先，父母要适度忽视孩子的个性。青春期的孩子叛逆心理很强，如果父母一直关注孩子的个性，或者禁止孩子发展个性，那么孩子的个性会越来越强，孩子也会因此而做出更加出格的举动。所以父母适当地忽略或者是冷漠地对待孩子，反而能够帮助孩子减少这些追新求异的行为。与此同时，父母还要对孩子加以引导。虽然大多数孩子都不喜欢听父母的说教，但是如果父母能够耐心地引导孩子，把话说到孩子的心里，孩子还是很愿意和父母沟通的。所谓春雨润物细无声，父母的教育也应该如此。

其次，如果孩子的个性不是特别出格，那么父母要认同孩子的个性。在此基础上，再与孩子展开讨论，让孩子明白什么是个性，这样孩子才能加深对于个性的理解。有些父母一旦看到孩子的言行举止不符合自己的标准，马上就会对孩子横加指责。例如看到孩子画了烟熏妆，就说孩子作风不好，或者说孩子行为浮夸，这样给孩子贴上负面标签，孩子反而认为我就应该是这样的人，这将导致他们的行为变本加厉。明智的父母不会随便对孩子下负面定义，他们知道青春期的孩子特别叛逆，不喜欢被父母干涉和指责，所以会采取曲线救国的策略，先认同孩子的个性，然后再对孩子进行引导，让孩子主动改变。这样一来，孩子的行为表现才会渐渐符合父母的预期。

再次，要让孩子知道什么是真正的个性。在社会生活中，如果孩子总是盲目从众，看到流行什么就追求什么，看到别人怎么做自己也怎么做，那么他们并不是真的有个性，而只是想通过这样追求潮流的行为来显得很有个性而已。真正的个性是有自己的主见，有自己的风格，并不因为别人而改变自己，而始终保持自己的独特风格。当孩子理解了真正的个性之后，他们就不会再盲目从众，追求虚伪的个性，而是能够坚持做好自己，形成真正的个性。

最后，虽然社会上有很多流行的东西，但是孩子依然要在其中加入自己的创造性。例如，社会上正在流行一种发型，这种发型看起来很怪，也很吸引人的眼球，那么孩子如果能够对这种发型加以改进，使其既符合潮流的标准，也符合大众的审美，这样自然会更受欢迎。

青春期的孩子虽然萌生了爱美的心，但是他们还是应该以学习和成长为重。父母在引导孩子的过程中，要让孩子意识到学习的重要性，也要让孩子知道是在为自己而读书，这样孩子对学习就会更加积极主动。换言之，不管孩子做出怎样的表现，也不管孩子多么叛逆，父母都不要与孩子硬碰硬，否则孩子就会变本加厉。父母只有坚持给孩子和风细雨般的教育，孩子才能听得进去父母的教诲，也才愿意采纳父母的建议，有明显的改变。

站在孩子的立场上思考问题

在一个家庭中，虽然父母不能对孩子高高在上，颐指气使，但是在家庭角色的扮演中，父母的确相当于家庭的领导者。通常情况下，公司内部如果发生了矛盾，作为企业的管理者，就必须站在员工的角度上思考问题，理解员工的苦衷，这样才能满足员工的需求，圆满地解决问题。那么，作为家庭的领导者，当父母与孩子之间发生矛盾的时候，父母应该放下家长的权威和架子，站在孩子的立场上去看待问题，以孩子的视角去观察问题，这样才能够设身处地地为孩子着想。

对于每个父母而言，家庭教育都是有一定难度的，尤其是当孩子进入了青春期之后，他们往往不愿意把自己真实的想法和需求告诉父母。在这样的情况下，父母与孩子之间原本顺畅的沟通就会面临很多阻碍，父母一味地强求孩子诉说内心，孩子往往会表示抗拒，所以父母需要换一种方式，以委婉的方式了解孩子的心思。例如，站在孩子的立场上思考问题，以孩子的角度去看待问题，这都是父母设身处地为孩子着想的好方式。父母只有这样做，才能理解孩子的想法，也才能与孩子产生共鸣。

现实生活中，很多父母都已经习惯了居高临下地命令孩子，当孩子犯错误的时候，他们还会不由分说地指责孩子。这些父母很少会顾及孩子的感受，他们有着很强的主观意识和思想，坚定地认为自己的想法才是权威，才是正确的。有的时候，即使孩子想要表达自己的真实想法，父母也会要求孩子噤声，禁止孩子表达。在这样单方面的沟通之中，青春期的孩子会更加叛逆。与父母之间的关系也会越来越剑拔弩张。

青春期的孩子尽管身心快速发展，却依然是孩子。他们想按照自己的方式去成长，也按照自己的意愿去了解和探索这个世界。对于孩子而言，他们在成长的过程中难免会犯各种各样的错误，因为缺乏人生经验，他们在有些方面并不能考虑得面面俱到或者做得完美无瑕。当发现孩子做得不好或者是孩子犯了错误的时候，父母切勿急于批评和否定孩子，也切勿急于向孩子讲道理。要知道，父母不是孩子，所以父母并不能了解孩子真实的想法。即使父母设身处地地为孩子考虑，父母也不能真正了解孩子。但是做了总比不做要好，当父母尽量体谅孩子的难处，理解孩子的所思所想，他们就能够给孩子更好的引导。当孩子面对很多难题不知道应该如何处理的时候，父母会给出孩子参考意见，也会激励和陪伴孩子共渡难关。

在人际交往的过程中，共情是一种很重要的能力。一个人如果拥有共情的能力，就能够感受并且理解他人，他们甚至能够进入他人的主观世界，透过他人的眼睛来观察周围的一切。父母对孩子应该具有共情的能力，这样即使孩子不愿意向父母敞开心扉去倾诉，父母也能够以这样的方式尽量了解和理解孩子。尤其是当青春期的孩子在情绪上处于反复的波动和急剧的变化之中时，父母更需要与孩子共情。

当然，共情是有前提条件的。如果父母从来没有和孩子在一起生活，也不了解孩子的很多想法，那么，要想运用共情的能力去考虑孩子的需求，分析孩子做事情的初衷，往往是很难的。父母应该多多陪伴孩子，哪怕工作再忙，也要抽出时间和孩子交流，这样才能加深对孩子了解，也为共情奠定良好的基础。

很多父母与青春期的孩子之间彼此戒备，互相猜疑，这使得亲子关系特别紧张，甚至有剑拔弩张之势。在亲子关系中，父母占据着主导地位，要想让亲子关系得以更好的发展，父母就应该放下主观的成见，放下高高在上的家长权威，这样才能以平等的姿态与孩子交流。

对于年幼的孩子，我们在和孩子沟通的时候，应该蹲下去看着孩子的眼睛。对于青春期的孩子来说，很多孩子已经和父母一般高，甚至有些孩子已经比父母更高，在这个时候，我们不需要与孩子保持起同样的物理高度，但是我们在心理上应该与孩子保持同样的高度，这样才能理解孩子的真实想法。

青春期孩子的父母应该以更宽容的态度对待孩子。要知道青春期的孩子拥有独特的思维方式，虽然他们从形体上已经接近于成人，但其实他们

的内心还是非常稚嫩的；虽然他们比起年幼的孩子有了一定的成长，但是他们距离成熟还有很长的一段距离呢。所以父母不要以成人的标准要求孩子，否则就会与孩子发生矛盾。父母一定要放下对于孩子的偏见，以共情为桥梁，理解孩子，接纳和包容孩子。

毋庸置疑，在家庭关系中，良好的亲子关系应该是民主平等。父母切勿独断专行，也切勿成为孩子的主宰者，孩子也不要成为父母的提线木偶。父母不管什么时候都应该尊重孩子的想法。要知道，教育孩子是一门技术，也是一门艺术，更是一门科学，还是一项浩大的工程。在对孩子的教育之中，青春期的家庭教育对于孩子的人生将起到很重要的影响，所以父母不要因为青春期的孩子叛逆敏感多疑，就疏远青春期的孩子。越是在这个时候，青春期的孩子越是需要父母陪伴在身边，父母应该作为最坚定的后盾，为孩子提供最强大的助力，父母也应该作为孩子最知心的朋友，始终了解孩子的内心，读懂孩子的心声。

淡然面对孩子的错误

从理智的角度来说，大多数父母都知道孩子在成长的过程中一定会犯错误，当然，理性的理解与现实的反应是有一定差距的。当发现孩子真正犯错误之后，总有一些父母会抓狂，因为他们不允许孩子犯错误，他们希望孩子在各方面都表现得完美无瑕，无可挑剔，他们也希望孩子对父母言听计从，顺从父母的一切旨意。在这样的期望之下，父母必然会陷入失望，因为孩子既不是父母的附属品，也不是一个只能接受指令的机器，他们会有自己的想法，也会有自己的喜怒哀乐，不管父母对孩子期望如何，孩子都将按照自己的节奏去成长。不可避免地，他们会犯错误，因为错误正是成长过程中必须踩过的台阶，走过的坎坷，所以父母一定要讲究教育的艺术。

面对接二连三犯错误的孩子，父母如何才能控制好自己的情绪呢？父母既要避免对孩子河东狮吼，又要让孩子改正错误，实现自我的提升，可谓任重而道远。从法律的角度来说，父母是不应该打骂孩子的，这是违法的行为。所以很多父母都对孩子采取放任不管的态度，这样对于孩子当然也是不负责任的。在管与不管之间，父母应该找到一个平衡，这样才能给孩子更好的引导和教育。

任何事情一旦发生，就变成了不可改变的历史。从这个角度来说，孩子在犯了错误之后，错误已经是无法改变的了，只能尽力弥补。父母如果只会打骂责怪孩子，一旦激发起孩子的逆反心理，孩子非但不会主动改正错误，完善自己的行为，反而还有可能故意与父母对着干，导致错上加错。

当孩子进入青春期，父母要更关注孩子的自尊心，保护孩子的自尊心。父母在教育孩子时要讲究技巧和策略，切勿唠唠叨叨地教育孩子，不分青红皂白地斥责孩子。与其这样冲动地去做，还不如给予孩子更多的空间反思自己的错误，让孩子能够在深思熟虑之后主动改正错误，这样教育的效果反而更好。

有些孩子非常叛逆，他们会故意犯错误。对于这样的孩子，父母要知道孩子在犯错行为背后隐藏的深层次心理原因。有些孩子之所以犯错误，是因为想要吸引父母的关注，在这样的情况下，父母可以多多关注孩子，满足孩子的心理需求；有的孩子之所以犯错误，是因为他们想要以此来证明自己的存在，想要证明自己是最重要的，对于这样的孩子，父母可以采取冷处理的方式忽视孩子的错误，渐渐地，孩子发现他们犯错的行为并不能引起父母的勃然大怒，也就不会再热衷于犯错了。

总而言之，犯错对于孩子来说是成长过程中的必然经历，作为父母，在发现孩子犯错之后，应该怀着坦然的心态面对一切，切勿对孩子不依不饶，使孩子感到愧疚或者是产生逆反情绪。根据孩子的脾气秉性，父母还可以采取冷处理的方式，让孩子主动反思错误，这样孩子就能从心理上认识到自己哪些地方做错了，也能够积极主动地改正错误。

需要注意的是，对于青春期孩子坚持认为正确的事情，父母先不要试图说服他们。父母越是想要说服孩子，孩子越是会与父母对抗。明智的父母会引导孩子自己进行思考，也会给孩子机会去做得更好。如果彼此情绪都非常冲动，那么可以互相退让一步，等到各自的情绪都冷静下来之后再进行沟通，这样才能让沟通的效果更好。

此外，父母不要试图把自己的想法和意愿强加给孩子。很多父母总认为孩子是自己生的，自己养的，所以自己对孩子享有至高无上的主权。其实，随着不断成长，孩子早就已经成为了与父母彼此独立的生命个体。从这一点来进行考虑，父母必须尊重孩子。即使孩子坚持了错误的观点，父母也不要强求孩子改变。如果引导孩子没有效果，那么可以让孩子撞到南墙再回头，这可比父母对孩子不停地说教效果更好。

总而言之，每一个养育孩子的父母都知道，犯错是孩子成长的必然。既然如此，父母就不要对孩子的错误零容忍，而是要给予孩子极大的宽容，这样才能够让孩子在成长的过程中坦然地面对自身所犯的错误，并且能够踩着错误的阶梯努力向上，获得成长。

把选择的权利还给孩子

如果说孩子小时候喜欢接受父母的安排，也会按照父母的安排去做一

些事情，与父母其乐融融相安无事，那么在进入青春期之后，这种情况就会突然发生转变。这是因为青春期的孩子正在从童年走向成年，在此过程中，如果父母不能尊重他们，不能给他们成长的空间，那么他们就会因为被父母控制而导致心理压抑，甚至做出对抗的举动。

遗憾的是，现实生活中，很多父母已经习惯了照顾孱弱的生命，而忽略了这个小小的生命已经不断地成长，变得越来越强壮，而且形成了自我意识。这样一来，孩子要独立和父母想继续掌控的心理之间就发生了不可协调的矛盾，这也是青春期的孩子与父母之间的关系紧张的根本原因。

相对于孩子的成长，父母显然有些落后了，孩子已经想要更快地走向独立，而父母却还停留在孩子离开自己就不能活下去的思想状态中，这当然是严重的滞后。父母要认识到，青春期的孩子喜欢自己做主，父母要尊重孩子，也要对孩子放手，把很多事情的决定权都交还给孩子，才能与孩子更好地相处。

有些父母也许会说孩子还小，还不能做出明智的判断和选择，如果因此而导致自己承受损失，那就是得不偿失的。的确如此，孩子还没有掌握成人那么多的知识，也没有积累成人那么丰富的经验，在此基础上，父母应该给予孩子更多的帮助和引导，而不是完全地替代他们去做所有的事情。人生的道路是非常漫长的，父母也许可以陪伴孩子走过一程，却不可能代替孩子走完人生的全程，所以父母要以端正的心态看待孩子的成长，也要随着孩子能力的增强及时对孩子放手，这样，父母与孩子的相处才会和谐融洽，孩子也才能在父母放手后迅速成长。

进入了初二之后，学校里要组建篮球队，程程很喜欢打篮球，但是妈妈对此却表示反对。程程的身高很高，已经有一米八了，而且他长得很瘦，身体非常轻盈，就连体育老师都说程程是个打篮球的好苗子。然而，妈妈认为打篮球会影响成学习，而且打篮球万一发生碰撞，还有可能导致骨折，那就更影响学习啦，所以妈妈坚决反对。

对于妈妈的反对，程程认为毫无理由。他不明白妈妈的担忧，也不接纳妈妈反对的理由，为此，他背着妈妈报名参加了学校篮球队。每到周末的时候，他就会以各种借口溜出家门，与好朋友们约着一起去篮球场上挥汗如雨。就这样，程程一直在和妈妈打游击，终于把篮球作为自己的爱好发展起来了。

学校里组织篮球比赛，程程和队友们在赛场上不停地奔跑，灵活地抢球、传球，终于赢得了比赛。妈妈作为嘉宾也观看了比赛，看到程程在赛场上那么充满活力，有那么精彩的表现，妈妈特别震惊。她对在一旁爸爸说：“真没想到程程的篮球打得这么好！”爸爸得意洋洋地说：“这都要归功于我呀，你可坚决反对他打篮球的，要不是我给他打掩护，他哪里有机会去练习打篮球呢，球技也不会这样突飞猛进地提升！”听到爸爸的话，妈妈白了爸爸一眼，心里却认为爸爸说得很正确。

当青春期的孩子打定主意要做一件事情的时候，父母的反对并不能起到真正的作用，尤其是当孩子认为自己要做的事情是正确的，而且很有意义的时候，父母与其强制孩子或者禁止孩子，还不如支持孩子，这样至少可以跟孩子站在同一战线上，赢得孩子的信任，也可以更多地了解孩子真实的想法。对于孩子那些并不是违法乱纪的行为，父母应该对孩子表示支持。父母切勿试图控制孩子，掌控孩子要做什么、不能做什么，这样就会与孩子处于对立状态。

孩子如果不听父母的话，与父母对抗，那么亲子关系就会非常疏远；孩子如果凡事都听从父母的话，顺从父母的意思，那么渐渐地就会失去个性，变得唯唯诺诺。显而易见，这两个结果都是父母不想看到的。明智的父母面对青春期孩子坚定不移地想做一件事情时，会把选择权交还给孩子，让孩子自己分析，权衡利弊，做出明智的选择。当然，与此同时，父母也要告诉孩子，对于自己的选择必须承担后果。很多时候，孩子之所以做事情很冲动，不计后果，就是因为他们从来没有为自己的行为承担过责任。父母要有足够的狠心，当孩子因为固执己见而犯下一些错误，不得不承受后果的时候，父母要让孩子独自承受后果，这比父母对孩子的说教更有用。

很多父母认为孩子没有选择的能力，实际上孩子并非没有选择的能力，而是没有选择的机会，也没有选择的权利。当父母把选择的机会交还给孩子，让孩子拥有选择的权利，孩子就会在一次又一次选择的过程中提升选择的能力。渐渐地，他们从考虑问题不够全面，到考虑问题越来越全面，甚至能够做出最优化的选择，这是孩子成长的过程，不但对于孩子的成长至关重要，而且对于孩子的人生也有深远的影响。

有些父母对把选择权交给孩子产生了误解，他们认为让孩子自己去选择，实际上就是无原则地迁就和满足孩子。毫无疑问，这是有本质上的区别的。把选择权利交给孩子，让孩子自己作出选择，孩子要经过理性的思考来权衡利弊，并且要做好为自己的行为负责的准备。如果父母只是迁就孩子，就会纵容孩子的任性，即使知道孩子的要求是不合理的，也会满足孩子，这样将直接导致孩子越来越骄纵，使孩子不会进行理性的思考。由此可见，把选择的权利交给孩子，与迁就孩子是完全不同的。

孩子的选择能力并不是与生俱来的，在家庭教育中，父母如何才能提升孩子选择的权利，让孩子为自己的事情做主呢？如果父母突然之间让孩子为自己的一切事情做主，孩子显然很难有好的表现，所以父母在培养孩子选择能力的时候，要坚持循序渐进的原则，要尊重孩子的意愿。对于那些与孩子有关的事情，父母要征求孩子的意见；对于家庭中的很多事物，父母要认识到孩子是家庭中重要的成员，也要征求孩子意见，或者采纳孩子的建议。

父母如果担心孩子不能作出明智的决定，那么可以引导孩子进行全面深入的分析。例如，让孩子分析一件事情的优势和劣势，分析一件事情的好处和弊端，也要分析一件事情有可能引起怎样的后果。在刚开始时，孩子考虑问题难免会丢三落四，但是如果父母坚持引导孩子，也帮助孩子进行权衡，孩子考虑问题就会越来越全面。在此过程中，父母只是为孩子提供辅助，而不要喧宾夺主，也不要强迫孩子必须服从父母。

需要注意的是，当孩子作出选择之后，父母不要干涉孩子的选择。有些父母一旦预见孩子的选择有可能引起不好的结果，马上就想要说服孩子改变选择，实际上，这样的做法会让前面的所有努力都付诸东流。既然给了孩子选择的机会和权利，那么就要让孩子按照自己的选择去做一些事情。既然是选择，就有可能成功，也有可能失败。成功了，当然皆大欢喜；失败了也没关系，因为这样的失败可以让孩子拥有更多的经验，也可以让孩子在成长的过程中有更多可以参考的经历。所谓不经历无以成经验，孩子只有亲身经历很多事情，才能学会对自己的言行举止负责，才能够逐渐地成长起来。

青春期孩子的叛逆心理很强，父母如果没有事实作为依据就想说服孩子，那么孩子往往很难听从。即使父母预见到会有什么样的问题，孩子也未必愿意听从父母的建议去改变自己的选择。既然如此，父母不如顺从孩子的选择，让孩子按照自己的心意去做，当孩子真正受到了教训，他们对于此事就会印象深刻，而且他们会竭力避免再犯同样的错误。对于孩子而言，这何尝不是一种成长呢？

与孩子统一战线

父母和孩子处于对立面的时候，孩子本能地会抗拒父母，哪怕他们认为父母说的是对的，从表面上来看，他们也不愿意顺从父母。这是因为青春期孩子最大的心愿就是独立于父母，能够自己为自己做主。父母要了解孩子这样的心思，在与孩子相处的过程中，不再对孩子发号施令，也不再与孩子针锋相对，而是成为孩子的朋友，与孩子统一战线。父母和孩子应该成为同一个战壕的战友，避免与孩子继续对立下去。

从血缘关系上来说，没有人比父母与孩子之间的关系更加亲近，然而现实生活中，父母与孩子却往往会产生各种各样的隔阂，彼此之间越来越疏远，甚至有些父母与孩子因为一些事情而产生了深刻的误解，变成了最熟悉的陌生人。虽然在同一个屋檐下生活，但是他们每天对对方视若无睹，虽然父母关心着孩子，孩子却不愿意接受父母的关心，也不愿意父母搭话。这样一来，父母只好刻意地与孩子保持距离。不得不说，这是家庭教育的悲哀。尤其是在青春期孩子与父母的关系这一点上，体现得尤为明显。那么，父母与孩子为何越是亲密，越是疏远，越是深爱，越是疏离呢？这与孩子处于青春期，自我意识正在不断增强有着密切的关系。

新生命呱呱坠地的时候特别孱弱，父母为了照顾他们付出了所有的心力。在此过程中，他们已经习惯了照顾孩子，也习惯了为孩子安排好一切。不知不觉间，父母对孩子的控制意识越来越强。这样潜移默化的改变，父母和孩子都没有意识到。在孩子小时候，他们需要父母的照顾，也非常依赖父母，所以并不会排斥和抗拒父母照顾。但是随着成长，孩子进入了青春期，他们就会变得更加自主，不喜欢再被父母统治，而喜欢自己为自己做主。他们不再认为自己应该凡事都听从父母的，甚至认为父母应该认真地思考和采纳他们的意见。在这样的矛盾状态之下，父母与孩子之

间的关系慢慢地发生了改变。

有些父母要孩子比较晚，当孩子进入青春期的时候，父母已经进入了更年期早期。这就使得亲子关系更加紧张，更加敏感。青春期的孩子自尊心较强，处于更年期的父母内心也特别脆弱。当他们想用父母的权威和经验来继续统治孩子，而孩子却奋起反抗，想让父母更尊重和平等对待他们的时候，父母与孩子之间的关系就变得水火不容。其实，这一切都取决于父母对待孩子的态度。如果父母能够摆脱自己的家长身份，把自己当成孩子的好朋友，在遇到事情的时候和孩子友好地协商，而不强求孩子必须无条件地服从自己，反而能够尊重和采纳孩子的意见，渐渐地，父母就可以做到真诚友善地与孩子沟通。沟通是一切人际关系的桥梁和渠道，所有的人际关系都要以沟通为基础，人与人之间才能相互理解，相互靠近。

天下有太多的父母始终坚持着家长的权威，他们不愿意放下自己高高在上的架子，不愿意放低姿态走进孩子的世界，这样一来，孩子又如何愿意信任父母，向父母吐露心声呢？从内心深处来说，父母们都愿意和孩子友好相处，也愿意与孩子建立良好的关系，那么就要从各个方面努力。

具体来说，父母要想与孩子统一战线，就要做到以下几点。其实这几点与普通人际关系中打动对方的心，让对方敞开心扉有着异曲同工之妙，由此可见，父母与孩子之间的关系虽然是最亲密的，但是也同样符合普通人际交往的原则。接下来，就让我们看一看父母应该做到哪几点吧。

首先，父母要想与孩子顺畅地沟通，就要找到感兴趣的话题，这样才能激发起孩子的谈兴。父母也要寻找与孩子的共同语言，这样才能够与孩子相谈甚欢。很多父母不了解孩子的生活，也不知道孩子们之间流行怎样的时尚语言，所以当与孩子沟通的时候，他们往往不知道孩子在说什么，而孩子也会觉得与父母交谈兴致索然。在这样的情况下，双方都不愿意继续进行交谈，交谈自然也就不欢而散。

父母虽然与孩子之间相差二十几岁，甚至三十几岁，但是不应该与孩子之间有代沟。作为父母，要了解和关切孩子，就应该介入孩子的生活，知道孩子对什么感兴趣。有些孩子追求明星，崇拜偶像，父母不要认为孩子这样的举动就是肤浅的，而是可以和孩子一起了解明星的点点滴滴，也可以利用明星身上的优秀品质激励孩子更努力。只要父母对孩子加以正确引导，孩子追星就会起到积极的作用。

其次，有的时候与孩子交谈达到一定的境界之后，父母可以与孩子交换秘密，例如告诉孩子自己在成长过程中的一些糗事，让孩子知道父母尽管平时看起来高高在上，实际上也是普通的平凡人，也有曾经非常有趣和荒唐的童年。当父母和孩子之间守护着共同的秘密，父母与孩子的心理距离就会变得很近。其实，在普通的人际关系中，我们要想与他人搞好关系，也可以以交换秘密的方式进行，效果将会非常显著。

最后，父母要与孩子统一战线，就要了解孩子内心真实的想法。那么，如何了解孩子呢？很多孩子并不喜欢与父母面对面交谈，是因为父母常常以居高临下的态度给孩子带来很大的压力，父母可以以更多的方式与孩子沟通，例如给孩子写信，写一些便签条，或者利用现代化的通信手段给孩子发微信，发QQ等。这些方式非常新奇有趣，也是成人之间经常使用的沟通方式。当父母主动以这样的方式与孩子沟通时，孩子会感到特别放松，没有了面对面的情绪波动带来的压力，孩子也会愿意和父母说一些知心的话、心里的话。这些方式对于增进亲子关系，加深亲子感情，都是大有裨益的。

孩子进入青春期之后，很多父母都抱怨孩子向自己关闭了心扉，不愿意和自己说心里话。很多孩子也抱怨父母不了解自己，总是对自己厉声训斥或者是责怪。渐渐地，父母与孩子之间的共同语言越来越少，孩子走在时尚的前沿，父母落在时尚的后面。孩子认为好的东西，父母并不认可和接受；父母建议孩子接纳的东西，孩子又看不到眼里。这样一来，父母与孩子之间的矛盾就会变得越来越深。

要想及时改变这种情况，父母必须放下家长的架子，与孩子成为朋友。这么做使父母与孩子之间的关系不再彼此对立，相互之间的矛盾也不会那么尖锐，父母能够真正地走入孩子的内心，读懂孩子的心理世界，帮助孩子跨越彼此之间的鸿沟。在其乐融融的家庭里，父母与孩子之间一定会坚持民主和谐的作风，不仅父母会感到轻松，孩子也会感到很愉悦。

过大的压力让孩子无法承受

大多数父母正处于中年，上有老，下有小，不但要做好工作，还要兼顾家庭，尤其是要照顾和教育好孩子，这常常让他们感到心力交瘁。因为感受到生活的艰难和不易，所以父母们也为孩子的未来而担忧，他们生怕孩子将来不能轻松地生活，生怕孩子将来不能养活自己。他们在无形中把这份焦虑转嫁到孩子身上，尤其是当看到青春期孩子每天只知道玩，对于学习漫不经心的时候，父母更是在不知不觉之间犯了一个错误——皇上不急太监急。

虽然学习是孩子自己的事情，孩子应该为自己的学习操心，但是大多数孩子对于自己的学习都不以为意，反而是父母对此压力山大，而且会给孩子施加很大的压力。很多父母为了不让孩子输在起跑线上，在孩子还在娘胎里的时候就给孩子报名参加各种课外补习班，等到孩子终于上了小学，他们就会让孩子上更多的课外补习班，而很少征求孩子的意见。在这样的情况下，不少孩子都抱怨周六日还不如周一到周五上学的日子轻松呢！周一到周五，至少有学校安排的合理作息，然而周六周日呢，他们往往会在父母的催促下一天赶场若干门补习课，感到疲惫不堪。

小学阶段，孩子也许独立意识不强，他们会接受父母的安排上各种兴趣班和补习班，但是在进入青春期之后，孩子的独立意识越来越强。在这种情况下，父母再不由分说地给他们报名各种补习班，孩子就会对此意见很大。孩子在进入初中之后，学习上的压力原本就越来越大，学习的任务也更加繁重，如果父母不顾及孩子需要劳逸结合，不经过孩子的同意就给孩子报名越来越多的课外班，孩子的心中就会更加不满。

有些孩子尝试着与父母沟通，希望父母给他们少一些压力。如果与父母沟通无果或者是自身的叛逆心理比较重，孩子就会做出一些极端的举动，试图摆脱父母的控制。很多孩子最常见的逃离方式就是离家出走。他们离家出走之后或者去投奔亲戚，例如爷爷奶奶、姥姥姥爷等长辈，或者是躲到网吧里彻夜不休地玩游戏。父母在发现孩子不见了踪影的这一刻，才会意识到原来学习并没有他们想象的那么重要，孩子的健康成长才是最重要的，只可惜他们此时领悟到这个道理为时已晚。有的孩子在离家出走之后很快就会被找回来，但是有的孩子在离家出走之后却因为遇到了坏人，或者遭遇了意外，或者发生了不测，再也回不到家里。这让父母感到痛心疾首。

父母除了在学习上会给予孩子太大的压力之外，对于青春期孩子的人际交往，父母也会让孩子感到压力山大。青春期孩子情窦初开，与小学阶段不愿与异性相处相比，在进入青春期之后，他们会对异性特别感兴趣，也会对异性产生好感。很多父母都对孩子的早恋问题视为洪水猛兽，一旦发现孩子有早恋的苗头，马上全力以赴地教育孩子，禁止孩子，围追堵截孩子。实际上，父母的反应过激了。如果父母能够采取更冷静的态度对待孩子早恋，告诉孩子早恋的各种弊端，也告诉孩子早恋并不是错误的，只是不太合时宜，那么相信孩子会更能够理解父母的担忧。

每个人都会承受压力，既然孩子是一个社会人，也是家庭的成员，所以孩子也会承受双重的压力。在真正走入社会之前，孩子主要的压力来自父母，曾经有调查显示，现代社会中有至少一半的家长对孩子怀有过高的、不切实际的期望，他们希望孩子能够实现他们没有实现的梦想，希望孩子能够按照他们定好的规划去走好人生的每一步，把他们的宏伟蓝图变成现实。他们用学习作为枷锁禁锢孩子，孩子小小年纪每天除了学习就是学习，眼睛近视了，后背也驼了。不得不说，孩子真的不堪重负。

太多的父母都不了解孩子的辛苦，每当孩子说起学习劳累的时候，他们就会当即反驳孩子：你们怎么劳累了？不就是上个学嘛，哪像爸爸妈妈每天还要当牛做马地去工作。爸爸妈妈像你这么大的时候，想上学还没有学上呢，就算好不容易有学上了，也没有这么多好吃的、好喝的。你们现在多么幸福呀，吃喝不愁，生活的条件越来越好，只是学个习，有什么可累的呢？听到父母的这番话，孩子还能说什么呢？父母根本不理解他们所承受的压力，也不知道他们享受的自由空间越来越小。渐渐地，孩子不会再向父母倾诉内心，他们即使独自苦苦挣扎，也不会告诉父母他们内心的烦恼，为了能够摆脱父母的束缚，重新拥有广阔的天地，他们就毅然决然地离家出走了。

离家出走是父母心中的痛，为了避免这种极端的情况发生，父母在教养孩子的过程中应该更关注孩子的成长，而不要只关注孩子的学习成绩，父母也要有意识地帮助孩子缓解压力，而不要总是给孩子施加压力。即使父母感受到社会生活中的压力巨大，也不要把这种压力转嫁到孩子的身上。具体来说，父母要做到以下几点。

首先，在给孩子报名兴趣班或者课外班的时候，一定要征求孩子的意见。毕竟孩子是上课的主体，不管父母花了多少钱，报了多少班，孩子都要去现场上课，还要与老师配合，有的时候还要完成课外作业。孩子的时间和精力是有限的，虽然孩子要以学习为重，但是自由自在地玩耍对孩子的成长也是至关重要的。所以父母要在征求孩子意见的基础上，适当地给孩子减负，避免物极必反。如果孩子能够报自己喜欢的课外班，主动学习，他们学习的效果就会更好；如果孩子排斥上课外班，只是被父母强迫才去上课外班，那么学习的效果往往是令人担忧的。所以，父母与其浪费家里的金钱和孩子的宝贵时间，不如有的放矢地让孩子去上课外班。

其次，父母不要认为自己的教育方法就一定是正确的。时代在发展，教育的观念也在发展，孩子更是每时每刻都处于发展和变化之中的生命个体。很多父母打着为孩子好的旗号，以爱孩子的名义对孩子进行各种强迫，却从不反省自己的教育方法是否正确。尤其是在孩子遇到挫折的时候，父母非但不鼓励孩子，还会因为孩子没有满足自己的预期，而肆无忌惮地指责孩子，这些都会让孩子感到心灰意冷。

最重要的是要给孩子雪中送炭，而不是对孩子锦上添花。很多孩子都有撒谎的坏习惯，就是因为他们知道如果告诉父母真相，就会被父母狠狠地批评或者责怪。最让他们受不了的是，父母还有可能挖苦、讽刺、嘲笑、侮辱他们，这些都会让他们的心灵饱受伤害。

再次，父母要认识到，孩子的成长比成绩更重要。如今，大多数父母都陷入教育焦虑状态之中，他们给孩子规划了一条非常明晰的道路，那就是上重点小学，上重点初中，上重点高中，考上重点大学，将来找一份好工作。这环环相扣的一环又一环，只要有一环掉链子，父母就会特别抓狂，因为他们担心孩子接下来就不能够按照既定的轨迹往前走。实际上，即使高考也只是孩子人生中的一个点，孩子的人生却是由无数的点组成的线。所以哪怕孩子在高考中失利了也没关系，因为孩子还有漫长的人生道路要走，还有很多的机会去做出更好的表现呢！

最后，父母要关注孩子的心理健康和情绪健康。如今，越来越多的

孩子出现心理问题，他们的情绪状态也变得更加复杂多变。通常情况下，孩子在决定逃离之前一定会有一些异常的举动，例如他们会心神不宁地左思右想，他们会做好一些准备工作，把自己的零花钱都带在身上，他们也会突然间对父母感到不舍，觉得不应该就这样离开父母。总而言之，细心的父母要发现孩子蛛丝马迹的异常举动，这样才能及时洞察孩子的心理，也才能避免孩子做出不理性的举动。当发现孩子有心理问题或者是情绪异常的时候，父母可以及时帮助孩子进行疏导。如果孩子的心理问题比较严重，父母还可以带着孩子求助于心理医生。

总而言之，离家出走可不是一件说着玩的事情，一旦走出了家门，孩子哪怕感到后悔，再想回到家里也未必能够做到。所以父母要防患于未然，提前给孩子做好各种工作，让孩子感受到家庭的温暖，也感受到成长的快乐。

第06章

引导孩子形成自我认知，帮助孩子健康成长

青春期的孩子对于自己的认知会处于忽高忽低的状态，有些孩子对于自己的认知过高就会有些狂妄，有些孩子对于自己的认知过低就会陷入自卑之中。随着青春期的到来，很多父母发现孩子的行为举止越来越怪异，是因为他们对自己没有正确的认知，那么父母就要对孩子进行引导，帮助孩子树立正确的人生观、价值观、世界观，引导孩子步入青春的正轨。

青春期孩子要学会同情与博爱

在抚养孩子成长的过程中，每个父母都亲力亲为，也对孩子倾尽所有，父母们恨不得把所有的东西都给孩子，也恨不得为孩子提供最好的条件。然而，在父母们为孩子呕心沥血，无私付出之后，却发现孩子在进入青春期之后对父母非但不知道感恩，而且还变得很自私、狭隘。

除了对父母之外，孩子们对身边的人也会斤斤计较，与同学的相处出现很多问题，所以父母们会指责孩子很自私。实际上，对于青春期的孩子来说，自私是正常的行为表现，这是因为人的天性就是利己的，每个人都想做对自己有益的事情，维护自己的利益。当父母指责孩子自私，或者给孩子贴上自私的负面标签之后，孩子就会形成错误的自我认知。那么，面对孩子自私的行为举动，父母要知道这是孩子处于特殊成长阶段的表现，从而有的放矢地对孩子开展引导。

青春期的孩子之所以有自私的表现，与家庭的成长环境也是有关系的。现代社会中，大多数家庭里都只有一个孩子，孩子从小就得到了父母的宠爱，也得到了爷爷奶奶、姥姥姥爷所有的关心和关注。尤其是由隔代人抚养长大的孩子，会在隔代人的疼爱之中变得更加骄纵，所以他们不知不觉间就形成了以自我为中心的思想，认为自己是家庭生活的中心，也理所当然地认为自己应该是所有人的生活中心。

要想避免孩子在进入青春期之后表现得很自私，从孩子小时候，父母作为孩子的照顾者，就应该有意识地引导孩子学会分享，也不要过度地呵护或者是全方位地替代孩子去做一些事情，否则孩子就会自私任性霸道。

从本质上来说，青春期的孩子之所以自私，根源在于他们只关心自己。他们很在乎自己是否快乐、是否幸福，而很少考虑到身边其他人的感受。在面对利益纠纷的时候，他们也一心一意地想要维护自己的利益，而不会顾及他人的利益。综上所述，孩子自私一则是因为天性，二则是因为家庭教育的影响。

在得知孩子自私的深层次心理原因之后，父母要有意识地帮助孩子学会同情与博爱。毕竟孩子不可能永远在家庭中生活，也不可能永远在父母的庇护下成长。他们终究要走出家庭，走入学校，也要走入社会，与更多的人打交道。所以孩子应该学会同情他人，也要怀有一颗博爱的心，这样才能与他人友好相处。

自私是孩子在青春期正常的心理表现和行为表现，但是对于孩子的自私任性，父母却不能听之任之。如果在青春期内，父母没有对孩子进行正确的引导，那么孩子自私任性的特点就会变本加厉。父母只有给予孩子恰当的引导，也帮助孩子对于很多事情都进行更为合理的处置，这样孩子才能结交更多的朋友，建立良好的人际关系。

在对他人心怀博爱的时候，孩子还会完善自己的身心发展，这对于孩子形成各种价值观念都是非常有帮助的。每个人都喜欢与热情慷慨的人打交道，而不愿意与自私冷漠的人打交道。在孩子成长的过程中，同龄人的相处和陪伴是非常重要的。父母要想让孩子处处受人欢迎，就要有意识地培养孩子乐于分享、乐于助人等好品质。

那么，父母应该如何做，才能够让孩子变得更加乐于助人，更愿意分享呢？具体来说，父母要做到以下几点。

首先，教会孩子与他人产生共情。很多孩子都形成了以自我为中心的思想观念，在考虑问题的时候，他们往往带有很强烈的主观意识，从自己的立场上出发去观察问题和思考问题。这样一来，他们在解决这些问题的时候就只会顾及自己的利益。有一些孩子还不能够理解和体谅他人的感受，对于身边的人感到伤心、难过，他们往往作为一个冷漠的旁观者去对待。

父母应该教会孩子站在他人的角度上，设身处地地为他人着想，也能够理解他人的情绪和感受，从而与他人产生情感的共鸣。这样孩子才能对他人感同身受，也才能更好地对他人进行情感换位，从而更加理解他人，体谅他人。

其次，父母要为孩子树立良好的榜样。现实生活中，很多父母也是独生子女，在独享父母宠爱的过程中，养成了以自我为中心的思维习惯。有的时候，他们还会有明哲保身的思想，只会顾及自己，而很少顾及他人。为了让孩子乐于助人，对他人满怀博爱，父母首先要以身作则。在家庭生活中，父母应该孝敬老人，孩子才会尊敬长辈，也才会孝敬父母；在与人相处的过程中，父母应该慷慨大方，与人为善，孩子才会受到父母的影响，例如在生活中如果遇到有人求助，父母应该慷慨地伸出援手，这样的身教会对孩子产生重要的影响力，也会让孩子知道自己应该怎么做。孩子的模仿能力是很强的，他们也很愿意向父母学习，所以父母与其对孩子言传，不如积极地对孩子展开身教。只有言传身教兼顾的父母，才能更好地教育孩子。

最后，父母可以带孩子进行一些实践活动，如向灾区捐钱捐物，或者带孩子去养老院、孤儿院等场所里，给孤寡老人和孤儿们送去一些礼物，或者帮助他们做一些事情，带给他们快乐。这样切实地去做之后，孩子就会感受到给予的快乐，他们不再只知道索取。也有一些抗震救灾活动会举行大型的义卖，那么，父母也可以鼓励孩子积极地参与，整理家中的图书捐献给学校，整理家中的学习用品和衣服等捐献给贫困地区的孩子。当坚持这么去做，孩子就能够切身感受到博爱带给自己的快乐，也会更乐于向他人伸出援手。

总而言之，在这个世界上没有人是无所不能的，一个人即使能力再强，也不可能只靠着自己的一己之力就把每件事情都做好。每个人都需要他人的帮助，也需要他人的救助，所以孩子要从小就怀有同情和博爱之心，这样才能赠人玫瑰，手留余香，也才能让爱在人世间传递。

青春期孩子不要误解人生

近些年来，青春期孩子出现心理问题的情况越来越多。2018年春天，上海卢浦大桥上，一个17岁的少年因为与妈妈发生了争执，冲动地跑下汽车跳下大桥；前段时间，有一个15岁的少女因为患上了严重的抑郁症跳楼身亡，而心急的父亲在楼下试图徒手接住她，也不幸被砸中身亡。这样的悲剧，对于我们而言并不是无关痛痒的故事，而是对我们的警醒，让我们作为父母必须关注孩子的心理健康。

现代社会的教育对于生命的教育是比较缺失的，很多父母和学校都没有关注到孩子的生命教育，也很少告诉孩子生命的价值和意义。在进入青春期之后，孩子因为身心的快速发展会导致情绪剧烈波动，对于人生也会产生一些误解，这是因为他们在成长的过程中会面对各种困惑。例如，与老师、同学之间发生矛盾，与父母之间产生分歧。当面对这些难解的问题时，他们因为无处求助，就会导致负面情绪淤积在心中，不断地堆积。父母作为孩子最亲近和重要的监护人，作为孩子引领者，一定要关注孩子的人生观、价值观、世界观，也要帮助孩子走出对人生的误解，这样孩子才能珍惜生命，热爱生命，也才能敞开怀抱拥抱生命。

保尔·柯察金说，“人最宝贵的是生命。生命对人来说只有一次。”臧克家也说，“有的人活着，他已经死了；有的人死了，他还活着。”有的人死得轻于鸿毛，有的人死得重于泰山。这也告诉我们，人生应该有价值和意义。

在对孩子开展人生教育的时候，父母要认识到青春期在孩子一生之中的重要意义和作用。对于孩子的成长而言，青春期是孩子成人前的预备班，也是孩子从少年走向成年的过渡时期。在青春期中，孩子会接触到各种信息，也会快速地成长。这种成长会给孩子带来巨大的压力，让孩子无法应对。与此同时，孩子也开始主动地思考人生的价值和意义，计划自己的未来。正是因为对于人生的探索更加深入，对于生命的思考更加深刻，所以孩子才会从原本无忧无虑开心玩耍的状态，变得迷茫。

每当听到父母或者身边的人说起社会生活压力很大，听到各种不如意的现状时，他们就更不知道自己将来应该做什么，可以做什么。当孩子对人生的解读进入了误区，他们就会对人生感到悲观失望，有些孩子甚至会觉得自己很难适应社会竞争的需要，因此陷入绝望之中，自暴自弃。不得不说，这对孩子而言是很糟糕的成长状态。

日常生活中，父母应该给孩子作好榜样。很多父母经常当着孩子的面抱怨生活非常艰难，尤其是当遭遇生活的重大变故或者突如其来的打击时，父母还会表现出一蹶不振的样子。父母的这些行为举动都会给孩子带来负面的影响。父母即使内心感到沉重或者无力，当着孩子的面也应该表现出积极的一面，让孩子知道任何问题都可以解决，所有的难关都可以战胜，这样孩子在面对人生困厄的时候才不至于那么沮丧和绝望。

很多父母都认为青春期的孩子不需要为生活发愁，只需要学习，所以是很轻松的。实际上，这是因为父母不了解孩子的生存状态。青春期对于孩子而言也是压力很大的特殊时期，在这个阶段里，孩子不但学习任务变得越来越繁重，他们的人际关系也变得更加复杂。尤其是很多父母望子成龙，望女成凤，更是期望孩子能够考上重点高中、名牌大学，也常常会在孩子面前唠叨少壮不努力，老大徒伤悲等。这样一来，孩子就会承受多重压力，因而常常悲观厌世，觉得活着没意思。前段时间，一个初中生因为作业太多跳楼自杀，掉在楼下的汽车上，当场去世。不得不说，这与父母忽视了孩子的心理健康，没有及时帮助孩子树立积极的人生目标是密切相关的。

调查发现，和交通意外死亡的人数相比，自杀死亡的人数是更高的，而在自杀死亡的人数之中，青春期的孩子占据了相当大的比例。为何在如花似玉的年纪里，孩子们会选择自杀呢？是因为他们不知道生命的意义，是因为他们不知道自己存在的价值，也是因为他们内心苦闷，看不到未来的希望。父母在帮助孩子进行心理建设的时候，要从以上各个方面对孩子进行干预，并且要帮助孩子树立积极的人生目标和理想，激发孩子对于生活的热情。

对于生活，我们固然要未雨绸缪，预先想到一些糟糕的结果，但是不要过度未雨绸缪，一旦过度就会变成杞人忧天，并没有什么好处，只会让自己徒增烦恼。在家庭生活中，父母要引导孩子未雨绸缪，却不要让孩子杞人忧天，这也是很重要的。当然，前文我们说过，孩子的压力是来自多方面的。对父母来说，如何帮助孩子缓解压力，避免孩子悲观厌世呢？

首先，父母要用心观察孩子，经常与孩子进行沟通和交流。当发现孩子出现不好的心理苗头或者情绪有异常的时候，一定要对孩子进行及时干预。孩子在情绪异常的状态下会做出很多异常的举动，例如有的孩子会突然变得狂躁不安或者沉默不语；有的孩子会整日蒙头大睡，不愿意做任何事情；有的孩子还会跑到顶楼上站着看风景。这些行为对于青春期的孩子而言都属于异常举动，是他们释放出来的悲观信号。父母即使工作再忙，也要注意观察孩子的异常行为，及时对孩子进行心理疏导。

现代社会中，很多青少年都患有不同程度的抑郁症，父母对于抑郁症

要有正确的认知。曾经，人们以为抑郁症只是心情不好那么简单，而实际上，抑郁症已经被证实不仅仅是心理上的疾病，而且也会出现生理上的病变。由此说明，抑郁症绝不是调整心情那么简单，而是需要进行专业治疗的。所以父母一旦发现孩子情绪低落，就要带孩子及时就医，确定孩子是否患上了抑郁症。有必要的情况下，还要让医生对孩子进行合理的药物支持治疗。

其次，帮助孩子树立正确的人生观、价值观。很多孩子面对人生之所以感到迷惘和困惑，是因为他们不知道自己存在的价值和意义，也不知道自己的未来有什么值得期待的。父母首先要让孩子知道生命是宝贵的，对于每个人而言只有一次机会。每个人只要把握生命中的每一分每一秒，就可以做出很多有意义的事。

对于孩子渴望得到的那些超出家庭经济范围的物质，或者是其他东西，父母应该引导孩子正确面对。如今，很多孩子都陷入了攀比的状态，他们和同学比吃比喝比消费。父母要引导孩子形成正确的价值观、消费观，这样孩子才不会因为攀比而变得自卑，也不会因为买不起昂贵的东西就抱怨父母不能给他们提供好的物质条件。心怀感恩的孩子会更加感激父母的付出，也会更加热情地拥抱生活。

再次，要给孩子宣泄负面情绪的渠道，与此同时，也要引导孩子积极乐观地看待问题。面对孩子的负面情绪，很多父母都不许孩子发泄，实际上，负面情绪如果一直淤积在心中，就会因为量变而引起质变。父母当发现孩子情绪异常的时候，可以与孩子进行沟通，疏导孩子的心情。如果孩子不愿意沟通，那么父母可以给孩子提供一些条件，让孩子去调整心情。例如，孩子喜欢看电影，那么在心情不佳的时候，可以让去看一部电影；孩子喜欢运动，可以让孩子进行运动，还可以给孩子安排户外活动，这些都能够有效地帮助孩子缓解心情。

心就像一个容器，如果里面容纳了太多的负面情绪，积极向上的情绪就没有地方可以容纳。当宣泄了负面情绪之后，父母要引导孩子积极乐观地看待问题，让孩子的心中充满正能量。有的时候，对于同一个问题，我们以悲观的心态去看，就会觉得很悲观；我们以乐观的心态去看，就会发现原来这个问题并不那么可怕，也是可以战胜的。这样一来，我们就会充满勇气，可以表现得更好。

最后，父母要对孩子适度期待。如今，很多青春期孩子的压力主要是来自父母过高的期待，以及对于他们学习方面过高的要求。父母要认识到每个孩子的天赋和能力都是不同的。有的孩子天生不擅长学习，父母即使每时每刻都逼着他们努力学习，他们在学习上也未必能够出类拔萃。父母要接受孩子的普通和平凡，不要对孩子寄予过高的期望，要以孩子的现实情况作为基础，适度期望孩子。孩子在实现父母的期望之后，将会获得成就感。如果孩子一直在努力，却从未得到父母只言片语的支持和鼓励。那么孩子的内心是会感到非常无望的，也会因此而承受巨大的压力。长此以往，孩子就会悲观厌世，甚至彻底放弃学习，放弃生活。父母显然不愿意看到这种情况发生。

总而言之，青春期的孩子正处于人生中大好的光华，他们应该在这个阶段里快乐地成长，积极地学习，乐观地面对人生。当发现孩子有悲观倾向时，父母一定要及时对孩子进行心理疏导，也对孩子采取各种干预措施。孩子的悲观人格一旦形成就很难改变，所以父母要抓住青春期，对孩子进行性格塑形，这是帮助孩子养成积极乐观的好性格的关键时期。

青春期孩子要让“热血”冷下来

作为青春期孩子的父母，一定会发现青春期的孩子情绪特别容易冲动，而且他们很讲哥们儿义气，会为了融入团体之中而做出一些触犯道德或者是法律的事情。近些年来，在全世界范围内，青少年犯罪都已经成为一个严重的社会问题，引起了各方人士的关注。世界犯罪组织甚至把青少年犯罪列为世界第三大公害，由此可见青少年犯罪给社会带来的严重危害。

青少年犯罪在刑事犯罪中的比例自2001年至2019年不断增加。2019年全国法院判处未成年罪犯82692人，占当年全部刑事罪犯总数的9.81%。且青少年犯罪主体出现低龄化趋势。作为父母，在看到这组数字的时候一定会感到触目惊心，只是担心是远远不够的，我们还要引起警惕，更好地引导和教育孩子，让孩子的“热血”冷下来。这样孩子在面对很多问题的时候，才不会因为头脑冲动而做出让自己后悔莫及的举动。

这些年来，关于青少年犯罪的事情并不少见，例如在大学校园里，有孩子给同学投毒造成了严重的后果；在初中校园里，孩子之间用刀具打架，导致了严重的伤害。每当这样的事情发生，父母都是最感到心痛的，不管自己的孩子是受伤害者还是伤害他人的人，父母都会特别担忧。因为处于特殊的身心发展阶段，孩子的情绪很容易激动，总是热血沸腾，所以青少年犯罪中冲动犯罪、激情犯罪的现象很常见。那么，孩子如何才能控制住自己，避免因为一时冲动而做出让自己懊悔一生的事情呢？

这与我们前文所说的生命教育是有密切关系的。对于犯罪者而言，切勿觉得自己伤害了他人就是获胜，而要意识到对于每个人来说，生命只有一次机会。如果因为冲动而伤害了他人，那么自己也会失去人生的很多权利。意识到后果的严重之后，相信青少年们会考虑自己的行为举止是否合宜，是否会导致严重的后果。

不仅青少年犯罪给社会带来了很大的危害，在高中或者大学的校园里，校园凌霸的现象也是非常严重的。所谓校园凌霸，指的是学校里的学生对其他同学采取了过激的措施，侮辱、伤害其他同学，导致其他同学受到身心伤害。在校园凌霸现象中，不但受害者会受到伤害，施害者的心灵也会发生严重的扭曲。他们一旦对同学进行了伤害或者欺辱，内心就会发生很大的变化，甚至会影响他们一生的成长和发展。

父母对于青少年打架斗殴现象以及犯罪行为都要足够地重视，切勿因为孩子安然无恙，就对他们的举动放任不管。当然，父母也不要因此就断言孩子是坏孩子，认为孩子品格恶劣。很多青春期的孩子之所以容易冲动，喜欢打架斗殴，是因为他们暴躁易怒。有的时候，他们之间发生矛盾和争执，并不是因为什么了不起的大事情，而是因为一些不值一提的生活琐事。和女孩性格温柔，尽量用语言解决争端相比，男孩的攻击性是更强的，而且男孩更倾向用武力直截了当地解决问题。那么，父母如何才能让孩子以有效的方式解决争执，而不要总是打架斗殴呢？正所谓解铃还需解铃人，必须找准原因才能对症下药。所以父母要认识到青少年打架斗殴行为背后隐藏的心理原因，这样才能给青少年以更好的引导和帮助。

首先，父母要让青少年知道，打架斗殴只会让事情恶化，而并不能真正地解决问题，让青少年意识到应该采取法律手段捍卫自己的权利，或者当问题还没有严重到需要动用法律的时候，还可以以沟通的方式和平地解决问题。毕竟我们的目的不是与对方拼个你死我活，而是要把问题真正地解决掉，这才是终极目标。当然，只是这么对青少年说并不会行之有效，父母要教会孩子具体的办法。例如受到别人欺负的时候应该怎么说，被他人挤兑的时候又应该怎么面对。当孩子知道在面对很多问题的时候都有更好的解决办法，他们就不会那么冲动地与他人动起手来了。

其次，在家庭生活中，父母要引导孩子学会承担责任，也要让孩子预估到事情的后果。很多孩子之所以那么冲动，做事情不计后果，就是因为他们从来没有为自己的言行举止负责过。父母会代替孩子负责任，这其实相当于是在包庇孩子，纵容孩子。对于青春期的孩子来说，他们已经长大了，有能力来对很多事情负责。父母要让孩子承担起自己的责任。

举例而言，如果孩子在和同伴一起踢足球的时候把邻居家的玻璃砸碎了，那么父母要是不声不响地就代替孩子赔偿了邻居家的玻璃，孩子下次还有可能会肆无忌惮地踢球，继续不小心地砸碎邻居家的玻璃。正确的做法是让孩子用自己的压岁钱或者零花钱赔偿邻居的玻璃，并且真诚地向邻居道歉。当孩子亲自这么去做之后，他们再次踢球的时候就会选一个更为安全的场所，不再把邻居的玻璃砸碎。显而易见，这对孩子的教育作用是很深刻的。

当然，在孩子表现好的时候，父母也可以给孩子一些奖励，让孩子知道好的行为才能得到奖励，不好的行为就必须承担责任，从而在心中有所区分，有所衡量。

最后，很多父母与孩子会发生冲突，既有严重的语言冲突，也有更严重的肢体冲突。这些都会破坏亲子关系，损害亲子感情。要想与孩子更好地相处，父母就要学会站在孩子的角度上看待问题，也要以孩子能够接纳的方式处理问题。很多父母对孩子居高临下，颐指气使，导致与孩子之间的关系非常紧张。父母的理解和体谅能够平复孩子激动的心情，有的时候，父母不需要给孩子做太多的事情，而只需要告诉孩子“我知道你的感受”，这简简单单的几个字就会让孩子觉得自己是被父母理解的。在此基础之上，孩子就不会与父母处于对立的状态，也就更能够接受父母的建议。

总而言之，青春期的孩子满怀热血，他们会做出各种让父母大跌眼镜的事情，这些事情也许会成为他们成长的经历，也许会成为他们成长的噩梦。父母一定要让青春期的孩子把“热血”冷却下来，在面对很多问题的时候，都能够做到理性思考，做到全面衡量，这样孩子才会有更好的成长表现。父母在教育孩子的时候也不要采取简单粗暴的方式，否则就会给孩子树立负面的榜样。

家庭教育应该如同春风化雨般浸润孩子的心田。父母在面对孩子顽劣的行为时，也应该以正确的方式与孩子沟通，从而起到良好的教育效果。最佳的教育方法是既解决问题，又不伤害亲子关系，甚至还能让亲子关系更加亲密无间，这样才是真正成功的教育。

青春期孩子缺乏关爱，才会自残

看到自残这两个字，相信很多父母都会感到特别紧张。尤其是当看到孩子自残，父母总是又恐惧又心疼。那么，孩子为什么会自残呢？所谓自残，是指人故意伤害自己的身体。从生理的角度来说，伤害自己的身体一定会感到非常疼痛，但是，如果人在情感上或者在心理上因为承受压力而感受到远远大于生理疼痛的痛苦，那么，人就会通过生理上疼痛的方式来进行情感上的自我宣泄。青春期的孩子之所以会自残，是因为他们感到委屈烦闷，或者是因为他们从来不被关注和重视。

青春期孩子自残的行为，常见的有挨冻、绝食，也有一些孩子的心理疾病非常严重，他们甚至会用一些工具来伤害自己，或者是结束自己的生命。对于父母而言，孩子一旦发生这样的事情，父母是很难承受和接受的，也会感到特别痛心。要想避免这种行为的发生，父母就要知道孩子为何会进行自残，从而才能够有的放矢地进行预防和干预。

第一，孩子进行自残有可能是因为患上了心理疾病，很多孩子因为心理疾病而饱受折磨，为了缓解心理上的痛苦，他们必须通过自残的方式缓解压力。例如，有些孩子患上抑郁症、社交恐惧症、强迫症等，偏偏父母对于这些疾病并不了解和关注，也没有意识到孩子处于异常的状态，这样就无法给予孩子更多的帮助。从这一点上来看，父母应该多多了解孩子的异常行为，知道孩子在很多行为背后隐藏的心理原因，才能更好地帮助孩子。

第二，孩子因为快速成长，所以身体也会分泌各类激素，激素水平的不稳定会让孩子的情绪容易冲动，有可能因为一时冲动做出自残的行为，伤害自己的身体。

第三，孩子会盲目地模仿他人。很多孩子都很希望融入同龄人的群体，为了能够得到同龄人的认可，他们会学习同龄人的一些举动，又因为并没有明辨是非的能力，所以他们会出现盲目从众的行为。例如在一个群体中，一些孩子会纹身，并用烟头烫伤自己，给自己的身体留下疤痕，以此作为炫耀的资本。其他孩子在看到同伴这样的举动之后，也会想要这么做。

第四，家庭环境会给孩子带来负面影响，使孩子承受过大的压力，因而产生自残的变态畸形心理。很多孩子因为父母离婚，认为自己没有完整的家庭，因而感到非常自卑，也有的孩子被父母抛弃，生活在孤儿院或者是其他场所里，也会感到内心痛苦，因而也会选择自残来释放压力。

不管孩子因为什么原因出现自残的行为，父母都要了解孩子自残的原因，明确孩子自残的原因，这样才能有效地帮助孩子。在日常生活中，父母要多多与孩子沟通，要尊重和平等对待孩子，这样才能打开孩子的心扉，获得孩子的信任。孩子只有信任父母，才愿意把很多不快都告诉父母。有心理学专家认为，青春期是孩子的心理断乳期，在这个时期里，孩

子从少年走向成年，他们要脱离父母，独立面对生活，这也使他们承受着巨大的压力，还会感到落寞。父母应该关爱和尊重孩子，及时了解孩子的心理变化和情绪变化，及时给予孩子帮助，安抚孩子的内心。

在了解孩子自残的真正原因之后，父母要对症下药，根据孩子的心理需求，帮助孩子减轻自残的冲动。例如，有些孩子是为了吸引父母的关注才会自残，那么父母一定要放下手里的事情，尽量多陪伴孩子，给孩子爱与温暖；有的时候，父母自残是因为想要要挟父母，例如有的孩子在被父母没收了手机之后冲动地跳楼，他们肯定没有想到跳楼会造成的严重后果，轻则伤筋断骨，重则失去生命。他们只是想以这样的方式来与父母谈条件，让父母妥协。父母应该让孩子知道很多行为的严重后果是不可逆的，这样孩子才会更加珍惜生命。当然，在对孩子进行管教的时候，也要把握好合适的度，选择正确的方式方法，对孩子起到引导的作用，而不要与孩子硬碰硬，激发起孩子的逆反心理，否则孩子就会做出更加极端的举动。

虽然孩子自残的行为让父母非常担忧和心疼，但是，当孩子真正做出自残的行为或者是表现出自残的倾向时，父母不要因此就责骂孩子或者强制孩子。对于孩子的自残行为，父母应该端正态度，以合适的方式去应对。很多孩子在自残之前并不知道会导致多么严重的后果，那么父母应该告诉孩子后果的严重性；有一些孩子在面对自身的成长时有很多困惑，那么，父母应该教会他们通过正常的渠道寻求帮助，而不要以这种极端的方式把自己逼入绝境。最重要的是在家庭教育中，父母要能够尊重和平等对待孩子，要赢得孩子的信任，这样孩子在有问题的时候才会愿意和父母沟通，也才能够得到父母及时有效的指导。

青春期孩子爱老师，才能爱学习

在小学阶段，大多数孩子都有非常明显的向师性，他们非常热爱和崇拜老师，也特别信任老师。对于老师的谆谆教诲，他们很乐意接受；对于老师布置和安排的各种任务，他们也非常积极地完成。当孩子与老师之间建立了良好的关系，孩子在学习方面的表现就会非常好。

在进入青春期之后，孩子们的向师性渐渐地减弱，有些孩子甚至开始质疑老师。如果老师的言行举止不能够得到孩子的认可，孩子还会开始讨厌老师。还有一些青春期的孩子因为与老师之间发生了误解，导致不愿意学习老师所教授的课程。不得不说，青春期孩子的厌师情节会对他们的成长和学习都造成很严重的影响，也不利于他们的身心发展。所以，当发现孩子讨厌老师的时候，父母一定要引导孩子热爱老师，也要培养孩子的向师性，让孩子对学习产生更浓厚的兴趣。

自古以来，人们都非常尊重老师，有很多关于老师的诗句都赞美老师对孩子们的无私奉献，也赞美老师在育人方面的重要价值。例如“春蚕到死丝方尽，蜡炬成灰泪始干”，例如“一日为师，终身为父”，这些话都告诉我们，在孩子的成长中，老师扮演着多么重要的角色，起到了多么不可取代的作用。如果没有老师对孩子的教导，如果没有老师亲力亲为的督促与管理，那么孩子们很难健康快乐地成长。青春期的孩子正处于叛逆期，他们会更加敏感，自尊心也很强，对于青春期的孩子来说，老师的引导和帮助是更为重要的。

遗憾的是，虽然大多数孩子都非常尊重和热爱老师，但是却有一些孩子非但不感激老师，反而很厌恶老师。他们看不惯老师的言行举止，不认可、不接纳老师的教学方式和管理方式，甚至会给老师起各种绰号。认为老师管得太宽，管得太烦琐。还有的孩子叛逆心特别强，而且具有暴力的倾向，会与老师动手。这使得老师在毫无防备的情况下受到了学生的伤害，这样的结果是让大家都不愿意看到的。

2020年1月2日，西安有一个学生因为被老师没收了手机，所以冲到办公室里向老师要手机。这个时候，恰巧没收学生手机的老师不在，只有另外一个老师在。这位老师只是安抚了孩子几句，为孩子指出错误，就被孩子残忍地杀害了。不得不说，这个学生的行为令人发指。学生为何会做出这样的行为呢？这是每一位父母都要深刻反思的。

要想让孩子尊重老师，热爱老师，父母首先要真正地做到尊师重教。现实生活中，很多父母或者身居高位，或者有权有势，他们对于老师并没有足够的尊重，也在无意之间向孩子透露出这样的信息，使孩子对老师也不够尊重。这对于孩子的成长是很不利的。父母要先做到尊师重教，才能培养孩子的向师性，让孩子发自内心地热爱老师，也乐于学习老师所教授的课程。

有些孩子因为被老师批评，回到家里会告诉父母老师做得不好，在这种情况下，父母要正面引导孩子，而不要顺着孩子的话指责老师，否则，孩子对老师的厌恶和反感情绪就会愈演愈烈。当孩子控诉老师的罪行时，父母应该先耐心地倾听，先不要打断或者否定孩子。只有给孩子一个倾诉的渠道，得到孩子的信任，父母才能知道孩子心里是怎么想的，才能慢慢地引导孩子正确地看待老师的批评教育。这样一来，父母就可以作为中间人解开孩子与老师之间的误会，也可以融洽孩子与老师的关系，让师生之间相处得更好。

如今的孩子很讲究个性，对于老师，他们并不会盲目地崇拜，当发现老师并不如他们预期的那么优秀时，他们还会对老师产生怀疑。在孩子与老师的关系调和中，父母扮演着重要的角色，毕竟父母是辛苦抚育孩子成长的人，对于父母的很多话，孩子还是愿意听的。首先，父母要告诉孩子玉不琢不成器，老师之所以批评孩子，是希望孩子能够改正错误，把很多事情做得更好。尤其是在学校的生活中，老师具有话语权，每个孩子都应该听从老师的调度，从而保证学校的教学秩序，保证学校的教学效果。如果孩子认识到老师所做的一切都是为了他们好，他们也就不会那么排斥和抵触老师了。

其次，要告诉孩子，老师之所以特别关注他，及时为他指出错误，实际上是因为对他寄予了希望，也认为他是能够成才的。这样一来，孩子就能从老师的教诲中感受到老师的爱之深，责之切，也可以换一个角度，认可老师对他的付出。

再次，父母应该帮助孩子树立正确的观念，引导孩子以坦然的态度接受老师的批评。很多孩子在家庭生活中从来不会被父母批评，而会被父母和长辈骄纵。实际上，每个人都会犯错误，孩子更是如此。父母要告诉孩子，人非圣贤，孰能无过。在犯了错误之后，最重要的是能够虚心改正，这样才能获得成长。父母千万不要护犊子，一旦看到孩子被老师批评，就当着孩子的面指责老师，这就会使孩子与老师之间的关系越来越恶劣。

最后，借助于各种机会向老师表达感恩之情、感谢之意。例如，马上就到教师节了，父母可以和孩子一起为老师准备一些小礼物，让孩子送给老师。虽然这只是一个小小的形式，但是却能够促使孩子更加尊重老师。也有一些孩子比较害羞，不好意思与老师当面沟通，那么父母还可以让孩子亲手制作贺卡，以书面的形式向老师表达心声。这么做，老师就会感受到孩子的用心和真诚。

在师生关系之中，老师和父母一样不应该是高高在上的，但是老师应该拥有权威。在必要的时候，老师应该放低姿态，与孩子像朋友一样相处。在孩子的整个成长过程中，大部分的时间都在学校里学习，只有与老师搞好关系，融洽相处，才能得到老师的谆谆教诲，也才能更快速地成长。

一位好的老师是孩子一生的幸运，一位好的老师能够改变孩子人生的轨迹，对孩子产生深远的影响。然而，好的老师是可遇而不可求的遇到好老师，我们也应该努力争取与其建立良好的关系。父母在师生关系中应该扮演一个协调者和推动者的角色，促使老师与孩子之间相互理解，也让老师更加关注孩子，让孩子更懂得感恩老师，这样孩子才能在老师的教导下快乐成长。

第07章

面对青春的雨季，父母要为孩子遮风挡雨

很多人把青春期形容为孩子成长过程中的雨季，这是因为对于青春期的孩子来说，他们会经历各种各样的心情，也会遇见更多的人、更多的事情。在此过程中，他们的心情会跌宕起伏，或者恐惧，或者自卑，或者自信，或者温暖。总而言之，他们常常需要得到父母的陪伴和帮助，所以父母要为孩子遮风挡雨，这样才能帮助孩子驱散心中的阴霾，走过青春的雨季。

青春期孩子的脆弱敏感不是无中生有

说起孩子在青春期的各种情绪和心理表现，很多父母都觉得是无中生有，也会对此有一些意见。例如，我们小时候根本就没有什么所谓的青春期，不也长大了；什么青春期，只不过是个噱头而已，如果我们不把它当成青春期，青春期的反应就不会那么严重。的确，这是很多父母对于青春期的理解。从心理学的角度来说，青春期孩子的敏感脆弱可不是无中生有，它并不完全取决于孩子的主观心态，而是由孩子在青春期快速成长发育的过程中，体内各种激素大量分泌而引起的，所以父母不要认为青春期是子虚乌有的，而是要正视孩子的青春期，也要真正用心地陪伴孩子度过青春期。

仅从表面看起来，青春期的孩子正处于成长的重要阶段。很多父母都认为青春期的孩子理应非常快乐，没有烦恼。而实际上，虽然青春期的孩子看起来波澜不惊，他们的内心却敏感而又脆弱。如果要打一个比方来形容，那么我们可以用鸡蛋来形容青春期的孩子。鸡蛋的外形是完整的，在保持完整外形的情况下，鸡蛋壳的承受力量也是很大的。但是如果受到外力的打击，鸡蛋马上就会支离破碎。青春期的孩子与鸡蛋有很大的相似之处，它们看起来长得已经和父母一般高，而且身强体壮，但实际上他们还是有一颗孩子的心。他们缺乏很多知识，也缺乏人生的经验，所以在对待很多问题的时候并没有明确的判断能力，也不能进行深入的分析。在成长过程中，每当遇到困难或者阻碍的时候，他们并不能像真正的强者那样迎难而上，反而会因为对自己缺乏自信，而找出各种各样的理由逃避问题。尤其是在校园中，这样的情况更是屡见不鲜。不管是父母还是老师，都应该了解青春期孩子的身心发展特点，知道孩子的个性，这样才能理解孩子为何会因为一件小事就情绪崩溃，为何会因为与同学之间小小的争执就大打出手，从而有效地帮助孩子。

除了自身成长的生理和心理因素使孩子的内心脆弱和敏感以外，孩子也会受到社会的影响。在现代社会中，很多人都非常浮躁，因为竞争的压力越来越大，生活和工作的节奏越来越快，所以这样的情绪也不知不觉间会传染地给孩子们。如今，大多数孩子都是独生子女，他们从小生活在优渥的家庭环境之中，得到父母和长辈的宠爱，不管什么事情都无需亲自动手，总有人为他们提前做好。所以他们唯一需要亲力亲为的就是学习，这也使得孩子们从小被泡在蜜罐中长大，很少经历挫折和磨难，都有着一颗玻璃心。他们只能接受生活一帆风顺。而不能接受生活不如意，因而他们承受挫折的能力都比较差。正因为如此，才有人说现在的孩子不是吃苦太多，而是吃苦太少。作为父母，我们应该注重对孩子进行挫折教育，提升孩子的心理承受能力，这样孩子才能快乐地成长，始终坚持进步。

每到冬天，就有人在冰面上走路，虽然冰层看着很厚，但实际上走在上面的人却战战兢兢，如履薄冰，生怕冰层会突然之间碎裂。青春期的孩子就是这样的感受，在青春期，他们心思细腻，情绪敏感，仿佛正走在即将解冻的冰面上，必须万分小心，才能避免自己被突然裂开的冰冻吞噬，才能避免自己的全身都被冷水浸透。面对青春期孩子的敏感脆弱，父母也往往会感到非常为难，他们不知道应该如何与孩子相处，又怕因此而触动了孩子的某根心弦，导致孩子情绪波动。在这样的情况下，父母应该做到以下几点，帮助孩子提升心理承受能力，帮助孩子接受生活中的各种境遇，让孩子的内心变得更加强大。

首先，父母要对孩子进行挫折教育，提升孩子的挫折承受力。人们常说，不经历无以为经验。为了保护孩子，很多父母都会把自己的人生经验一股脑地告诉孩子，只想保护孩子不受到伤害。实际上，这对于孩子的成长而言并不是最好的方式。孩子终究会离开父母的身边，独自面对残酷的现实生活，与其让孩子因为突然离开父母的身边手足无措，不如从孩子小时候就注重培养孩子的挫折承受力，历练孩子的内心，这样孩子才能知难而上。

其次，引导孩子正确看待自己。古人云，金无足赤，人无完人，每个人都会有自己的优点，也会有自己的缺点。当面对自己的缺点时，孩子不应该感到沮丧，失落，而是要正视自己的缺点，也鼓起勇气克服自己的缺点。有些孩子从小生活在顺遂的环境中，他们常常会为自己的失败寻找各种各样的借口，以此推卸责任。对于这样的孩子，父母要引导他们分析自己成功或者失败的原因，并且正视自己的失败，从失败中汲取经验和教训，勇敢前行，这样孩子才能在一次一次的历练中获得成长。

再次，要让孩子拥有强大的内心。很多孩子从小习惯了接受父母无微不至的照顾，所以在独自面对很多事情的时候都内心忐忑，不知道自己应该如何做才能获得成功。父母固然关心孩子的学习表现，希望孩子能够获得更大的进步，其实更重要的是要让孩子拥有信心。信心是人成长和前行的重要驱动力，孩子只有获得信心的支持，才能勇敢地去做好很多事情。

最后，让孩子豁达洒脱，从容应对。人生既然有成功，就会有失败，任何事情都有两面性。青春期的孩子固然更渴望获得成功，但是也会不可避免地遭遇失败。在做很多事情的时候，不要因为畏难就选择放弃或者是逃避，而是应该客观地认识自己，做到扬长避短，也要发展自己的核心竞争力，让自己拥有不可取代的优势，这样才能有更加杰出的表现。

此外，在人际相处的过程中，孩子也要拥有一颗宽容的心，只有能够理解他人的苦衷，体谅他人的情绪和感受，才能与他人更好地相处。如果总是斤斤计较，就无法拥有好人缘，也就无法获得与同龄人相处的快乐。

总而言之，在青春期，孩子敏感的心会因为各种事情而产生波动，父母要理解孩子这种情绪的产生，也要体谅孩子对此的感受，只有给予孩子更好的帮助，父母才能够让孩子快乐地度过青春期。

青春期孩子爱慕虚荣，要形成正确价值观

在如今的社会上，攀比之风盛行，很多人都喜欢与他人攀比，比吃，比穿，比手机，比房子，比汽车。总而言之，一切能够拿来比较的东西，人们都会拿来比较。有一些女性还会把老公、孩子都拿出来与人比较，似乎以此就能显示出自己的优越性。对于青春期的孩子而言，他们很容易受到社会上不良风气的影响，又因为他们的思维发展还没有完全成熟，缺乏判断能力，所以他们往往会迷失在攀比之风中。在面对一些事物作出选择的时候，他们也会因为爱慕虚荣而作出错误的选择。

当孩子出现这样的情况时，父母不要急于指责孩子，而是要认识到这是由于孩子处于的特殊身心发展阶段所决定的。父母要对孩子进行有效的引导，这样孩子才能形成正确的价值观，也才能杜绝爱慕虚荣的情况。

从心理学的角度来说，所谓爱慕虚荣，实际上是因为过度的自尊心引起的。人们的自尊心过强，就会超越自我的客观价值，进行虚构和想象。在虚构和想象中，他们获得了自我满足，但是这并不是真实存在的，就使得他们为了获得关注而必须做出更高的追求。实际上，这种追求已经超出了他们的实际能力，对他们造成了巨大的压力。所以对于爱慕虚荣的人来说，尽管他们能够在短时间内获得满足，也会为自己的各种表现而感到骄傲，但是爱慕虚荣的行为却会让他们陷入更大的焦虑之中，不知道如何面对自己，不知道如何与自己相处。

通常情况下，爱慕虚荣的孩子都有非常明显的表现。例如，他们会盲目从众，对于别人拥有的，他们也想拥有；他们很喜欢攀比，会把一切可以用来攀比的都拿来攀比；他们非常骄傲，骄傲到自负的程度；他们对于自己有过高的评价，认为自己有着别人所不及之处；他们特别看重他人的评价，做很多事情的时候第一时间就会考虑到他人会如何评价他们；在很多场合里，他们都有着超强的表现欲望，他们希望以突出的表现来吸引他人的关注，赢得他人的爱慕。与此同时，他们也会有很强的妒忌心理，因为他们总是处于攀比之中，所以他们不想被别人超越。在这些负面心理的影响下，青春期的孩子就像吃了膨胀剂一样，他们的欲望会无限膨大，甚至会促使他们做出不当的举动。

当发现孩子爱慕虚荣，喜欢攀比之后，父母应该对孩子进行引导，切勿认为孩子喜欢与他人比较也没有错，甚至纵容孩子这样的行为。要知道，人的欲望是无止境的，孩子现在正处于青春期，主要的交往对象是学校里的同学。如果他们都这样被欲望驱使着进行攀比，那么将来在走入社会之后，看到更多的繁华和各种各样的物质，他们就会彻底成为欲望的奴隶。

孩子这么爱慕虚荣，与父母也有一定的关系。在现实生活中，很多家庭里都只有一个孩子，至多有两个孩子，所以父母会主动地为孩子付出所有。哪怕孩子提出的要求超出了正常限度，盲目地追随潮流，父母们也会尽量满足孩子的愿望。当父母这样对待孩子，纵容孩子的欲望，那么等到孩子进入青春期之后，他们的胃口就会越来越大。在这种情况下，如果父母没有能力满足孩子不断膨胀的欲望，孩子就会对父母心生怨恨，也有一些孩子会因此而对父母做出违法乱纪的事情，这当然是会让父母感到非常懊悔的。

青春期的孩子不仅在身体上处于快速的发展变化之中，在心理上也

处于很大的变化之中。父母要引导孩子们树立正确的价值观，让孩子们更关注自身的成长，而不要处处与人攀比，更不要在物质和金钱方面与人攀比。孩子内心充实，才能笃定地做好自己，不那么在意他人的眼光和评价，也就不会陷入爱慕虚荣的怪圈之中。

首先，父母要帮助孩子树立正确的价值观。每个人都是群体中的一员，每个人都生活在这个社会之中。既然是处于人群之中，我们难免会与他人之间进行比较，当比较处于正常的限度内，能够激励我们更加努力上进，但是一旦比较超过正常的限度，我们就会因为比较而扰乱自己的心绪，对于青春期的孩子来说更是如此。父母应该帮助青春期的孩子树立正确的价值观念，引导孩子正确地看待金钱和物质，这样孩子才能拥有正确的想法，也不至于因为攀比而爱慕虚荣，导致自己坠入欲望的深渊。

其次，父母要为孩子做好榜样。在家庭教育中，父母的言传身教会对孩子起到潜移默化的教育作用，对于孩子的一生都会产生深远的影响。如果父母在生活中就很爱慕虚荣，喜欢与人攀比，那么就会在无形中影响孩子。有些父母还追求名牌，总是强调产品的品牌，而忽略了产品真正的实用价值，这也会对孩子起到误导的作用。

在孩子的人生之中，家庭对他们所起到的影响是最为深远的。正因为如此，人们才会说有什么样的父母，就会教出来什么样的孩子。也有人说，父母是孩子的第一任老师，孩子是父母的镜子。既然如此，我们就要成为孩子的好老师，也要成为孩子的引导者，在点点滴滴的事情上都要以身示范，给孩子做好榜样。有些父母只许州官放火，不许百姓点灯，是很难说服孩子的，也很难在孩子面前树立权威。我们要以家庭生活为源头，从根源上杜绝孩子爱慕虚荣的行为，也要坚持在生活的点点滴滴中培养孩子正确的消费理念，这样孩子才能求真务实，才能不被欲望所驱使。

这个世界熙熙攘攘，充斥着很多的繁华和喧嚣，孩子们一定要有笃定的心，才能在浮躁的生活中站稳脚跟，也才能做好自己。

对于青春的躁动，孩子要学会控制情绪

人世间很多悲剧的发生，究其原因是当事人没有驾驭和主宰自己的情绪，反而受到了冲动情绪的驱使，做出了过激的举动。在很多情况下，如果我们能够控制自己的情绪，那么那些糟糕的情况也许就能够被避免。

情绪是与生俱来的，每个人都会有情绪，在任何的年龄阶段都会产生情绪。从呱呱坠地的新生儿到耄耋之年的老人，人人都会产生情绪，这是因为情绪表达是人的本能，情绪是自然而然发生的。人尽管可以控制情绪的强烈程度，却不能控制情绪的产生。每个人都是情感动物，孩子在渐渐长大之后，他们的情绪也会变得更加复杂和多变。尤其是在进入青春期之后，孩子因为生理上的发育，情绪更加变化起伏。与此同时，在进入青春期之后，孩子的独立意识增强，他们的自我意识也越来越强，这使得孩子们不愿意再被父母安排和指挥，而是想要独立地做一些事情。

在这种心态的影响下，青春期孩子会因为情绪问题而出现很多状况。有的父母用脱缰的野马来形容青春期孩子，这个比喻是非常形象的，因为青春期孩子的情绪的确会大起大落。当然，也有一些孩子在进入青春期之后，会从之前的开朗状态变得细腻、敏感，甚至会出现喜怒无常的情况。这些都与孩子的身心发展密切相关，父母应该正确面对。

对于孩子一生的成长而言，青春期是一个至关重要的时期。青春期是孩子从少年走向成年的过渡阶段，父母在青春期要特别留意孩子的身心发展状况，要认真地观察孩子各种异常的举动。如果发现孩子需要得到帮

助，父母要及时给予孩子帮助；当发现孩子情绪波动很大的时候，父母也要理解孩子；尤其是当孩子有困惑或者是遇到难题的时候，父母要接纳和认可孩子的情绪，从而引导孩子解决问题。父母必须充分认识到孩子在青春期的身心发展特点，了解孩子的情绪变化，陪伴在孩子的身边，和孩子一起走过迷茫的青春期，让孩子感受到成长的快乐。

具体来说，父母应该怎么做，才能帮助孩子学会控制情绪呢？

第一点，父母要引导孩子认识情绪。很多人对于情绪都缺乏认知和了解。俗话说，知己知彼，百战不殆。孩子在认知情绪之后才能更好地控制情绪，孩子越是了解不同的情绪反应，就越是能够从容地应对情绪。与此同时，有一些孩子在进入青春期之后会变得自我封闭，不愿意和父母沟通，那么父母还要能够与孩子建立沟通的渠道，引导孩子说出心里话，这样父母与孩子的相处才会更加和谐愉悦。

很多成人在产生情绪的时候都会刻意逃避，认为情绪，尤其是负面情绪，是很难以应对的。其实，不管是正面的情绪，还是负面的情绪，都是自然而然发生的，我们都要正视它们。经历情绪的时候，父母可以向孩子描述自己的感受。例如，父母在非常愤怒的时候告诉孩子自己的感受，这有助于帮助孩子了解愤怒。在父母的影响之下，孩子在感到各种情绪的时候，也可以对此进行描述。从而更好地认知情绪。只是描述情绪还远远不够，还应该学会分析情绪的来源，例如感到非常开心是为什么，觉得特别生气是为什么。父母可以经常通过询问的方式让孩子反思自己的内心感受，引导孩子表达情绪，分析情绪。这些方法都能有效地帮助孩子疏导负面情绪。

第二点，培养孩子控制情绪的能力，让孩子保持理智。心理学家曾经说，愤怒使人的智商瞬间降低，孩子们要想始终保持理性的状态，就应该学会驾驭和控制情绪。父母们会发现，孩子们很少会掩饰自己的喜怒哀乐，他们不管心情是好还是坏，都会马上表现在自己的脸上。虽然这样的状态可以用纯真来形容，但是随着不断成长，如果孩子还是这样对自己的个性听之任之，那么他们就很难与他人相处。所以，随着孩子不断成长，父母不要无限度地包容和纵容孩子，在孩子有情绪的时候，父母应该提醒孩子注意到这些情绪，而且应该教会孩子如何化解情绪，从而保持理智和冷静。当孩子成为情绪的主人，就能够建立良好的人际关系。

第三点，既要体验情绪，也要觉察自身和他人的情绪。孩子在对情绪有了一定了解的基础上，就可以体验到情绪的发生。在人际相处的过程中，如果他人的情绪有了变化，孩子也能够敏感地觉察到。除了可以和孩子一起感受情绪之外，父母还可以和孩子通过其他的方式来加强对于情绪的认知。例如，当他人悲伤伤心的时候，父母要引导孩子进行换位思考，这样孩子就能对他人感同身受。再如，还可以鼓励孩子多多阅读文学作品，感受作品中不同人物的情绪状态，这些都能够丰富孩子的情绪体验。

情绪是人的衍生物，是与生俱来的，是不可能避免的，所以孩子从小就要学会与情绪相处，学习控制好自己的情绪，这对于帮助他们缓解青春期的躁动不安是极其有效的。当然，孩子们控制情绪的能力有限，离不开父母们的支持帮助，离不开父母们的理解和体谅。父母一定要关注到青春期孩子的情绪，也要能够和孩子一起成为情绪的主人。

青春期孩子不要嫉妒，更不要怨天尤人

刚才说过，在进入青春期之后，孩子就会在不知不觉间把自己与周围的人进行比较。原本，孩子对于自己的衣食住行都不是特别关注，但是在比较的状态之下，他们的虚荣心就被勾了起来，所以他们会因此而陷入虚

荣的怪圈，也会对他人产生嫉妒。有人说，嫉妒是人心中的毒瘤。所谓嫉妒，其实是一种非常糟糕的心理状态。从心理学的角度来说，嫉妒就是人的欲望得不到满足时产生的愤愤不平的情绪体验，这种体验是很消极的情绪，也会给人以消极的作用。

法国大文豪巴尔扎克曾经说过，“嫉妒者比任何不幸的人更为痛苦，因为别人的幸福和自己的不幸，都将使他痛苦万分。”由此可见，嫉妒真的会让人堕入深渊。那么，如果说孩子小时候与同龄人或者是他人相处的时候并没有嫉妒，随着渐渐成长，进入青春期，孩子越来越敏感，自尊心也变得更强，他们渐渐地就会走到嫉妒的边缘。有的孩子虽然年纪很小，才几岁，就会表现出很强的嫉妒心理。当孩子出现这样的情况时，父母切勿轻视，因为嫉妒如果一直滋生，就会影响孩子的心理发展。

虽然嫉妒会有一些负面的作用，但是并不意味着嫉妒的存在是不合理的。从儿童心理发育的角度来看，嫉妒的产生是合理的，而且是很自然的。嫉妒和恐惧一样属于人人都会有的情绪，小小的婴幼儿就会自然地出现嫉妒的情绪反应。随着不断成长，孩子们走出家庭，走入学校，与更多的同龄人相处，也就有更多的机会与他人比较，因而嫉妒心理会表现得越来越强。特别是对于青春期的孩子而言，他们更容易受到外界的刺激，出现情绪的波动，这其中就一定有嫉妒心理。

嫉妒心理，如果在正常范围内，就能够激励孩子更加勤奋，努力在与他人的比较中胜出。但是如果嫉妒心理过于强烈，超出了正常范围，孩子就会被嫉妒蒙蔽眼睛，蒙蔽心智，无法对事物进行认知，而且还会对他人产生偏见。很多孩子在与他人比较的时候，如果不能占据优势，不但会抱怨自己不够优秀，甚至还会因为而抱怨父母没有为他们提供最好的条件，而对父母感到不满，自己心中也感到愤愤不平。在这种糟糕心态的影响下，孩子就无法对父母怀有感恩之心。由此可见，嫉妒不但会影响孩子的人际交往，使孩子怨天尤人，还会让孩子失去感恩之心，影响孩子的身心健康。所以父母一定要非常重视孩子的嫉妒心理，也要引导孩子消除内心的嫉妒，以积极的方式与他人展开竞争。

通常情况下，青春期的孩子之所以嫉妒他人，是因为他们产生了比较的意识。父母对孩子怀有过高的期望，让孩子始终关注自己的成长，把自己与他人进行比较，孩子不知不觉之间就会产生嫉妒心理。此外，孩子如果在人群之中不能得到众人的瞩目，而且受到冷落，那么他们也会感到特别失落。青春期的孩子内心敏感脆弱，对于青春期孩子的嫉妒心理，父母应该采取正确的方式及时处理，否则孩子很容易因此而感到消极沮丧。当然，父母也不要强求孩子不能嫉妒，因为嫉妒是自然发生的情绪反应，孩子也很难抑制这种情绪的产生。最重要的是要疏导孩子的内心，对孩子动之以情，晓之以理，让孩子真正意识到嫉妒的心理状态是很不健康的，让孩子知道怨恨并不能帮助他们实现心愿，只有不懈努力，才能争取得到更好的结果。认识到这一点，孩子才会以积极的方式坚持成长，坚持进步。

父母如果能够采取端正的态度，以良好的方法帮助孩子化解嫉妒，那么孩子就不会受到嫉妒的负面作用影响。有些时候，父母对孩子高标准严要求，常常批评和打击孩子，也会让孩子的嫉妒心理变本加厉。父母应该反思自身，从自身做起，帮助孩子远离嫉妒，正确认知自己，也发挥自己的优点和特长，让自己快速成长。

首先，父母应该多多鼓励孩子，帮助孩子形成自信心。通常情况下，那些自信的孩子并不会随随便便地嫉妒他人，因为他们相信自己也是非常优秀的。反而是那些自卑的孩子，因为过度自尊，所以会嫉妒他人。当自己不能在与他人的竞争中获胜的时候，他们就会因为嫉妒而希望他人做出失常的表现，从而给他们反败为胜的机会。这是一种扭曲的竞争心理。为了避免孩子出现这样的心理状态，父母一定要多多鼓励和赞赏孩子，让孩子认识到自身的优点，让孩子知道自己也是有可取之处的，这样孩子就不会盲目地羡慕他人的过人之处，而是会激励自己做得更好。

其次，引导孩子进行纵向比较，而非进行横向比较。所谓纵向比较，就是把自己的今天与昨天比较，看看自己有没有进步；所谓横向比较，就是把自己与他人比较。每个孩子的天赋不同，家庭背景不同，受到教育的经历也不同，如果盲目地和他人比较，或者以自己的优点和他人的缺点比较，或者以自己的缺点与他人的优点比较，这样都会使比较失去公平，也会让孩子的心理发生扭曲。当孩子把自己今天的进步与昨天的进步比较，发现自己有了更大的进步，孩子就会充满自信，也就会更加积极主动地争取做到更好。

说到这里，我们要对父母说的是，一定要避免把自家孩子与别人家的孩子进行比较。“别人家的孩子”已经成为了很多孩子的噩梦，因为父母总是把他们与别人家的孩子比较，而且常常认为他们什么都不如别人家的孩子。这样一来，他们如何能够充满自信呢？他们还会在父母这样不公平的比较之中，对别人家的孩子心怀怨恨，使得嫉妒的后果更加严重。所以，拒绝比较要从妈妈爸爸开始做起，坚持正确的比较，也要从爸爸妈妈开始做起。

再次，巧妙地利用嫉妒心理对孩子起到激励作用，适度的嫉妒会让孩子更加发奋努力，争取在与他人的竞争中占据优势，过度的嫉妒会扭曲孩子的心理，让孩子变得争强好胜，而且会做出不当的竞争。

面对孩子的嫉妒心理，父母不要完全否定。嫉妒就像一把双刃剑，只有好好利用嫉妒，才能让嫉妒发挥积极的作用。父母可以引导孩子坚持努力去超越别人，而不要让孩子诋毁他人，也不要让孩子采取不正当的方式与他人竞争。现代社会中竞争非常激烈，从小培养孩子的好胜心，让孩子充满竞争意识，这将会为孩子提供成长的强劲动力。

最后，父母要倾听孩子的心声。很多孩子之所以嫉妒他人，是因为恨自己没有他人那么强大和优秀。父母在发现孩子嫉妒他人的时候，可以询问孩子具体的原因，要耐心地与孩子交流，这样才能帮助孩子打开心结，让孩子坦然地面对自己所不曾拥有的，也能够坦然地面对别人所拥有的一切。命运从来不是公平的，每个人都会得到命运不同的对待。如果孩子始终陷入嫉妒的怪圈之中无法自拔，那么他就会非常苦恼。孩子应该坦然接受命运的安排，尽自己的努力，争取做到最好，这才是孩子面对成长应该有的态度。

战胜软弱，青春期孩子才能更加坚强

很多父母都发现了一个怪象，那就是孩子是典型的窝里横。在家里，他们天不怕地不怕，哪怕父母对他们进行批评教育，他们也完全不以为然，是不折不扣的小霸王。但是一旦走出了家门，到了学校里，或者是在社会环境中，孩子就畏畏缩缩、胆小怯懦，即使被他人欺负了，也只会忍气吞声，根本不敢反抗。孩子们为何会有这么大的变化呢？其实，孩子们的变化还不止如此。

有的孩子在家里非常开朗，也很喜欢说话，常常积极地和爸爸妈妈沟通。但是一旦走出家门，他们就变得沉默寡言，根本不愿与别人搭话，哪怕是有人问他们什么问题，他们也只是以简单的一两个字做出回答。还有的孩子小时候特别顽皮淘气，到了十几岁的时候，却突然就像变了一个人一样，非常乖巧安静，这让父母感到无所适从。也有的孩子小时候很乖巧听话，但是在进入青春期之后就变成了混世魔王，处处和父母作对，哪怕明知道父母所说的是对的，也不愿意听从父母的话。孩子们为何会出现这些变化呢？这些变化都是随着孩子进入青春期才出现的，所以父母要了解孩子的青春期，要知道孩子在青春期的各种表现，也理解孩子在青春期的情绪反应，这样才能引导孩子有更好的情绪表现。

每个孩子在进入青春期之后都会有一定的变化，有些孩子从勇敢变得软弱，有的孩子从软弱变得勇敢。父母当然都希望青春期的孩子更加坚强勇敢，那么就要从家庭教育着手，引导孩子的性格朝着好的方面发展。在家庭教育中，如果父母的教育过于强势，总是居高临下地对孩子发号施令，并且要求孩子严格遵守命令，那么孩子就会渐渐地养成对父母言听计从的坏习惯，失去主见，凡事都听从父母的意见，也变得越来越软弱。如果父母总是过度保护孩子，不管有什么问题都帮助孩子解决，不管有什么事情都代替孩子去做，那么这就相当于剥夺了孩子自我成长的机会。孩子在父母无微不至的照顾下，自我保护的意识和能力都不能得到充分的发展，一旦离开了父母的身边，他们就会感到惊慌失措，就不能靠着自己独立完成事情。所以父母要意识到，孩子的性格并不是天生就软弱，只是因为在成长的过程中，他们有没有机会锻炼自己的性格，培养自己的勇气，他们的性格才会变得越来越软弱。

从智商的角度来说，孩子即使性格软弱，也并不意味着他们的能力比那些性格坚强的孩子差。但是社会生活是非常残酷的，如果孩子的性格软弱怯懦，那么在做很多事情的时候，他们就会缺少冲劲，也会受到挫折。因为他们的竞争意识比较差，所以他们在社会竞争中会处于落后的状态。再加上社会生活的节奏是很快的，所以他们适应社会的能力也很差，这就导致他们在社会生活中处于劣势。青春期是让孩子步入成年的预备期，当父母发现青春期的孩子性格软弱时，就应该引导孩子变得越来越勇敢坚强，这样孩子将来才能够成长得更快，内心也会变得越来越强大。

首先，在家庭生活中，父母要给对孩子放手，培养孩子的自理能力。十几岁的孩子各方面的能力都已经有了很大的进步，可以做到基本自理，如果他们依然要依靠父母的照顾才能生存，这只能说明他们的自理能力非常差。因为对自己没有信心，不知道自己能否照顾好自己，孩子就会畏缩胆怯。所以父母要及时对孩子放手，不要始终认为孩子是那个需要照顾的小生命，而是要看到眼前的孩子已经变成了一个大小伙子，要相信孩子有能力照顾好自己，也要抓住各种机会促进孩子的能力发展。

其次，父母要保持更新教育观念。大多数孩子之所以性格软弱，就是因为父母对他们过度保护，过度溺爱，也让他们对父母过度依赖。要想让孩子不再软弱，父母就要让孩子独立去面对一些事情。此外，在家庭生活中，父母不要动辄就以粗暴的教育方式对待孩子，压迫孩子。孩子必须在家庭生活中得到父母的尊重和平等对待，才会变得自信，也才会在成长中有更为坚强的表现。

再次，帮助孩子克服害羞的心理状态。正常限度下的害羞会让孩子处于适度的紧张状态，有更好的表现。如果孩子害羞已经超过了正常的限度，影响了正常的生活，使孩子在人际交往中面临无法逾越的障碍，那么父母就要干预孩子的害羞状态，多多鼓励孩子与陌生人交往，经常给孩子机会在众人面前讲话。随着坚持锻炼，孩子的勇气会得以增强，也会有更出色的表现。

最后，青春期的孩子敏感、自尊，他们非常看重他人的评价。父母要引导孩子形成自我评价和自我认知的能力，而不要让孩子过于在意他人的看法。一个人即使再优秀，也不可能得到所有人的认可和喜爱。反之，一个人也不可能喜欢自己所遇到的每一个人。所以孩子既要从谏如流，让自己得到更多人的认可，也要坚持做好自己，保持真我本色。只有在这两者之间保持平衡，孩子才能既保持个性，又融入团队；既坚持做好自己，又赢得更多人的接纳和喜爱。

只有坚强乐观自信的孩子，才能快乐地走过青春期。如果孩子自卑胆怯软弱，那么面对特殊的青春期，他们的表现往往是令人堪忧的。在青春期里，孩子不仅生理上发生了巨大的变化，他们的心理和情绪上也会发生很大的变化。父母要多多关注孩子，理解孩子，要始终陪伴在孩子的身边，给孩子更多的勇气和力量。

第08章

情窦初开的美好不该被误解，理解孩子的懵懂情怀

说起孩子早恋的问题，很多父母都如临大敌。其实，青春期的恋爱只是发生的时间太早了，从孩子身心发展的角度来看，这是正常的情感，也是孩子正常的身心反应。所以父母要以正确的态度来看待青春期孩子的情窦初开和早恋现象，也要肩负起孩子性教育老师的重要职责，帮助孩子消除关于性的困惑，这样孩子才能健康快乐地成长。

孩子的情感悸动总有蛛丝马迹

孩子12岁生日之后升入初中一年级，也由此步入了青春期。很多父母在还没有适应孩子的青春期和初中生活的时候，就毫无防备地被青春撞了一下腰，那就是突如其来地发现了孩子早恋的蛛丝马迹，未免感到心慌意乱，也不知道应该如何应对。

太多的父母都认为早恋是可怕的问题，这是因为父母们都非常关注孩子的学习，生怕孩子因为早恋而分散了精力，导致学习受到影响。那么，作为父母，我们可曾了解孩子真实的想法，又是否知道孩子有怎样的需求呢？

其实，孩子在进入青春期之后，体内会分泌出大量的性激素，所以他们对性会感到非常好奇。如果说小学阶段，孩子对于异性还是敬而远之的，那么在进入初中之后，孩子们对于异性却开始感到好奇，想要与异性亲近。这是青春期孩子身心发育引起的正常现象，父母只有怀着坦然的态度去面对，才能避免把这样紧张焦虑的情绪传染给孩子，导致孩子也变得惊慌起来。

有人说，爱情是造物主赐给人类最美好的礼物。的确如此。其实不管是发生在哪个年纪的爱情，都是非常美好的，都是令人怦然心动的。只是因为孩子在青春期要以学习为重，所以父母才会对孩子的早恋感到紧张焦虑。

对于孩子的早恋，我们固然不能如临大敌，却也不要视若无睹。因为孩子在青春期很容易情绪冲动，再加上对异性更加好奇，所以他们会做出一些不该做的事情。父母要给孩子把好关，要适时引导孩子，这样即使孩子在早恋方面有了蛛丝马迹，父母也能够及时捕捉到，从而对孩子进行引导和帮助，让孩子树立正确的恋爱观。

很多事情在刚开始的时候是很好处理的，如果任由其发展，到了后期想要加以干预就会很难。孩子的情感是非常热烈的，父母如果能够在孩子刚刚产生情感的时候就引导孩子，杜绝孩子产生早恋倾向，那么对于帮助孩子避免早恋是非常有好处的。那么，孩子的早恋有哪些迹象呢？

通常情况下，孩子一旦有了爱慕的对象，就会非常注意自身的形象。如有些男孩原本特别邋遢，但是在有了爱慕的女孩之后，他们会更加频繁地洗澡，换衣服，甚至早晨的时候还会洗头发，打摩丝。突然注重形象，就是为了吸引异性的关注。父母发现孩子出现这样的情况时，就应该猜测到孩子有了心仪的异性对象，或者是有异性的对象向孩子表白，那么要对孩子的行为举止更加密切关注。

不可否认的是，恋爱虽然是美好的，但是对青春期的孩子来说，如果进入了早恋的状态，他们的学习成绩就会受到影响。一是因为爱情使人头脑发昏，二是因为爱情让孩子分散了注意力，使孩子无法把所有的精力都投入于学习之中。有一些孩子在放学之后还会和异性相处很长时间，所以会逗留在学校或者是路上，导致回家的时间变晚，这也是父母要留意的一个重要变化。

记得一首歌里唱的，恋爱就像重感冒，对于青春期的孩子而言，恋爱不但是一场重感冒，还有可能伴随着发烧。在恋爱的进程中，孩子们难免因为情绪激烈而变得昏头涨脑，但是他们的性格还没有发育成熟，因而在爱情之中很容易患得患失，导致产生巨大的心理落差。有些孩子因为心仪对象的一句话而欣喜万分，因为心仪对象不愿意理睬自己，马上又情绪低落消沉。他们还会更频繁地使用手机，试图与喜欢的对象进行联系。父母在看到孩子出现这样的情况时，都要引起关注。

还有一些孩子为了赢得异性的喜爱，会给异性送一些小礼物，这样一来，他们在金钱的花费方面会有更大的需求。他们还会做出一些异常的举动，例如找一些借口离开家单独行动，这都是孩子在释放早恋的信号。细心的父母总能捕捉到蛛丝马迹，从而给孩子更好的引导和帮助。

当然，我们上述说的这些表现虽然都有很大的可能，代表着孩子已经开始早恋，但是家长却不要草木皆兵。即使孩子出现了上述的这些情况，父母也不要当即就判断孩子是在早恋，更不要毫不掩饰地质问孩子，而是要更加用心地观察孩子，找到孩子的确在早恋的证据之后，再控制好自己的情绪，对孩子展开引导。

有一些孩子平日里习惯了和父母像朋友一样相处，那么，父母也可以和孩子公开地谈论早恋的问题。毕竟早恋这个问题是客观存在的，一味地逃避并不能避免问题的发生，反而开诚布公的交谈可以与孩子各抒己见，也许能够更圆满地处理好问题。相信只要父母怀着尊重和平等的态度对待孩子，孩子是很愿意和父母敞开心扉去沟通的。即使父母认为孩子的某些观点不正确，也先不要急于否定或者是批评孩子。毕竟孩子才十几岁，他们对于很多问题的考虑都是不全面的，也会因此而陷入误区之中。父母如果认为孩子考虑问题太过片面，那么可以引导孩子进行更全面的思考，也可以让孩子预见到很多事情的后果。父母要相信青春期的孩子已经形成了一定的思考能力和判断能力，也要相信作为父母只要怀着耐心对孩子动之以情，晓之以理，孩子一定会理解父母的苦心，也会在综合权衡利弊之后作出明智的决定。

教会孩子拒绝异性的求爱

回首起自己曾经的青葱岁月，现在已经为人父母的我们是否会会心地一笑，再次感受到当时的青涩与害羞呢？在青春期里，很多孩子都有可能会被异性喜爱，得到异性的追求。对于青春期的孩子来说，不管是喜欢异性，还是被异性追求，这都是正常的。孩子虽然看起来已经长大了，但实际上他们的内心还是非常单纯的。有些孩子明知道不应该早恋，但是在被异性告白之后，他们却因为善良而不知道如何拒绝异性，生怕因此而伤害对方的心，失去自己的好朋友。所以他们就会犹豫不决，在这样拖延的过程之中，事情会变得更加复杂。有的时候，在被追求者提出不合理的要求之后，孩子们也因为不好意思而委屈自己，最终使自己受到伤害，这都是父母应该尽量教会孩子去避免的。

被异性喜爱对于青春期的孩子来说，虽然算不上是一件值得骄傲的事情，但绝不是一件坏事情，这至少说明孩子得到了异性的认可。面对着喜爱自己的人，善良的孩子们往往不想伤害对方，因而不知道如何拒绝。有一些父母在听到孩子说起关于早恋的话题时，也会马上非常严肃，喝令孩子不许动早恋的念头。父母这样的过激反应会吓到孩子，使孩子不敢再向父母求助。实际上，父母如果能够怀着从容的态度，教会孩子如何拒绝异性的追求，那么就能够给孩子切实有效的帮助，而且还能够赢得孩子的信任。相信等到再有类似的问题时，孩子依然会向父母求助，或者是采取父母教会他们的办法拒绝他人。在家庭教育中，父母要想对孩子开展教育，要想保护孩子不受伤害，最重要的就是要与孩子保持顺畅的沟通，要引导孩子的信任，了解孩子的实时情况，这样才能更好地保护孩子。

孩子们之所以不懂得拒绝异性的追求，还有一个非常明显的原因，那就是青春期的孩子很渴望能够融入团体之中，得到他人的认可。他们害怕自己孤零零的一个人，或者被其他人所排斥。如果因为拒绝一个追求者而导致失去了这个朋友，或者是因此而得罪了一连串的朋友，他们显然不想要这样的结果。正是因为如此，他们在面对异性的追求时才会进退两难，陷入犹豫和纠结的状态之中。

作为父母，我们首先要赢得孩子的信任，这样才能有机会倾听孩子的倾诉，了解孩子面对的很多问题和情况。在得知孩子得到了异性的追求之后，父母如何教会孩子拒绝异性的求爱呢？这既是一门技术，又是一门艺术。如果处理得当，非但不会让孩子失去朋友，还会让孩子多一个好朋友呢！

首先，要教会孩子正确地拒绝。很多孩子之所以不想拒绝他人，是因为他们认定了只要拒绝就会给他人带来伤害，所以他们会拖延拒绝。他们误以为只要无限度地拖延下去，就可以让拒绝来得更晚一些。父母应该告诉孩子，越早拒绝就越是能够降低伤害，越晚拒绝就越是会导致加重伤害。这是因为拒绝得早，让对方早一点知道我们的态度，可以让对方尽早摆正自己的位置。如果拒绝得晚，对方会更多地在我们身上投入感情，那么在被拒绝的时候就更会感到伤心。在拒绝对方的时候还要说得非常明确，而不要含糊其辞，这样会让对方产生误解，反而会更深地伤害对方。由此可见，孩子明确地拒绝对方，其实是在保护对方。孩子要及时尽早地拒绝对方，这样才是对双方都负责任的做法。

其次，在教会孩子拒绝的必要性之后，父母还要教会孩子如何去拒绝。只有掌握了拒绝的方法，孩子们才能避免伤害他人，也与他人之间维持良好的关系。在拒绝他人的时候，切勿摆出一副高高在上的姿态，而是应该谦逊委婉地拒绝他人，这样既拒绝了他人，又保护了他人的颜面，所以是更好的方法。

再次，教会孩子正确处理异性的求爱信。在青春期的孩子之中，很多

孩子想要向异性表达自己的爱慕之意，又不敢当面和异性说，就会采取书信的方式来表情达意。其实接到求爱信之后，孩子也可以书面的方式进行拒绝，这样既避免了面对面沟通的尴尬，也保护了对方的颜面，可谓一举两得。这比当面拒绝对方的效果更好。尤其需要注意的是，收到了异性的求爱信，这意味着我们是有魅力的，也是值得他人喜爱的，那么千万不要把这当成炫耀的资本，把求爱信公之于众，否则就是在侮辱和嘲笑对方，对方一定会恼羞成怒，甚至从此之后与我们变成了仇人，这样的结果显然是我们所不想得到的，我们必须谨慎处理。

最后，青春期孩子是非常躁动的，也常常做出冲动的举动。有一些孩子在求爱未果之后，就会纠缠自己所喜欢的异性。在这种情况下，父母一定要保护好孩子，而不要让孩子独立去面对这样的纠缠。也有一些孩子会进行言语的威胁，使孩子感到特别恐惧，甚至不敢去学校上学。在这样的情况下，父母要挺身而出，给予孩子全面周到的保护。必要的情况下，还可以与老师或者是对方的家长进行交流，从而全方位地做好对方的思想工作，从而圆满地解决问题。

被人爱当然是一件值得开心的事情，但是当爱情发生在错误的时间，非但不能够给我们带来幸福和愉悦，反而和有可能会引起各种问题。所以青春期的孩子对于爱情要有正确的态度，要知道早恋并不是错误的，只是发生在不合宜的时间。如果能够把对彼此的喜爱、懵懂的感情转化为学习的动力，大家齐心协力地努力学习，争取考上重点高中、名牌大学，等到了大学校园里再开始谈恋爱，这当然是一件值得让人欣慰的事情。今日的拒绝，就是为了来日更好的重逢，在拒绝一个喜欢自己、自己也很喜欢的人时，我们不要觉得伤心，而是要意识到这是为了拥有更美好的未来。

帮助孩子正确对待失恋

在懵懂的爱情中，孩子们体验了非常美好的感受，又因为对爱情还没有深入的了解，所以他们觉得爱情是非常神秘的。在很多孩子的心目中，爱情就像蒙娜丽莎的微笑给人带来神秘的感觉，又对人产生一种无端的诱惑力。他们也认为爱情就像是玫瑰散发出诱人的香气，但是却带着尖刺，稍不留神就会把人的手指刺破。

刚刚进入爱情之中，孩子只会感受到爱情的甜蜜。然而，随着早恋的不断进展，孩子受到来自学校和家庭的压力，也会产生很多的烦恼。即使没有外界的压力，孩子在与异性相处的过程中，随着对彼此的了解越来越深，也会有很多的矛盾和争执。

总而言之，早恋是青涩的。很多早恋的孩子都必然要承受失恋的伤痛，这是孩子们成长的一种方式。青春期的孩子在感受到恋爱的疯狂和灼热的感情之后，坠入爱情的深谷，感受到爱情的辛酸苦辣，难免会精神萎靡不振，也会因为失恋而感到沮丧和绝望。当孩子陷入失恋的漩涡之中，父母切勿对孩子冷嘲热讽，否则就会使孩子雪上加霜。不管早恋是否是父母能够接受的，在早恋结束时，父母都应该更关注孩子的心理状态，要给孩子雪中送炭，安抚孩子受伤的心灵。

早恋往往都是地下情，孩子不敢把对异性的喜爱表现出来，与异性的交往也都在偷偷摸摸的状态下进行。所以当早恋进入到失恋状态的时候，孩子们就不得不承受这种无法言说的痛苦。他们尽管觉得心灰意冷，对学习失去了兴致，对生活失去了信心，但是他们却无人可以诉说，顶多可以和自己处得好的同学和朋友诉说心情。然而，这些同学和朋友往往是孩子的同龄人，所以并不比孩子拥有更多的人生经验，也不能给孩子良好的引导和帮助。成人因为已经更深刻透彻地了解了爱情，所以反而可以帮助孩子尽早地走出失恋的痛苦。

和成人遭受失恋之后感受到的痛苦相比，孩子经历失恋所感受到的痛苦是更为严重的，这是因为孩子没有人生经验，缺乏生活阅历，在初尝爱情的滋味时就非常投入，也会认为这份爱情是极其神圣的。当神圣的爱情落入尘埃之中宣告破碎的时候，他们就会感到很迷惘。在倍感艰难的处境中，他们不知道应该如何面对自己，当被失恋的阴影纠缠着，甚至觉得连天空都黯然失色了。

看到孩子在失恋期间各种各样的表现，父母一定会有所觉察，这是因为孩子如果长期处于抑郁焦虑的精神状态和情绪状态之下，他们就会失去理性，甚至还会做出一些冲动的举动。尤其是有一些青春期的孩子正处于强烈的叛逆状态之中，他们的个性非常强，自尊心也特别敏感。在这种情况下，如果他们被所爱的人拒绝了，就有可能产生报复心理，还有的人会因此而自甘堕落，觉得自己不配得到对方的喜爱，认为自己是非常糟糕的。不管孩子进入了哪种情绪的误区，父母都应该给予孩子更多的帮助。父母虽然一直盼望着孩子能够尽快结束不应该开始的早恋，但是当孩子真正感受失恋的痛苦时，父母切勿雪上加霜。父母只有给予孩子关心和安慰，孩子才能尽快走出失恋的阴影，也才能再次把学习生活的重心转移到学习和成长方面。那么，父母应该如何安慰失恋的孩子呢？

首先，要帮助孩子平衡内心。很多孩子在失恋之后，内心都会陷入失衡的状态，他们想不明白自己这么优秀，为何不能得到对方的喜爱，他们也想不通为何其他同学的恋爱都可以顺利进行下去，偏偏自己要承受失恋的痛苦。父母要告诉孩子，恋爱就是你情我愿，两相适宜的事情，有任何一方不同意，恋爱都是无法进展下去的。所谓强扭的瓜不甜，孩子不能强求恋爱一定要获得成功，而是要意识到恋爱是自由的。为了让孩子获得幸福，父母也可以告诉孩子自己年轻的时候也曾经遭遇失恋。孩子知道了父母的这个小秘密之后，就会感到如释重负，而且也会更加信任父母。

其次，告诉孩子失恋是人生的必然经历，失恋了也依然可以拥有美好的人生。古诗云，人生若只如初见，何事秋风悲画扇？很多孩子一旦失恋，就觉得自己失去了整个世界，实际上失恋只是人生一个小小的坎。孩子正处于青春期，人生中还有很多的不确定性，恋爱只是人生的调味剂，而不是人生的全部。父母可以带着孩子去做一些有意义的事情，帮助孩子走出失恋的阴影，也可以有意识地转移孩子的注意力，让孩子参加更多的集体活动，在与同龄人相处的过程中获得更多的快乐，这样孩子就能够消除失恋带来的负面影响，也能够尽快地从失恋的悲痛之中走出来。

再次，父母要当好的倾听者。孩子失恋的痛苦，父母应该感同身受地理解。不妨想一想自己年轻时失恋的感受，这样就能理解孩子的心情。很多父母对于孩子的恋爱都不屑一顾，认为孩子之间就是闹着玩的，所以即使孩子失恋了，父母也认为孩子不会那么伤心，这是低估了孩子的痛苦。父母应该重视孩子的感受，也应该设身处地地理解孩子，尤其是当孩子感受到痛苦，想要向父母倾诉的时候，父母更应该用心倾听，这样孩子才能信任父母。

最后，要让孩子形成正确的爱情观。很多孩子对于爱情都不理解，毕竟青春期的孩子还没有经历太多的人生，而且没有恋爱的经验，他们哪里知道爱情就像手中的流沙，把手心攥得越紧，沙就流失得越快，反而要把手心摊开，沙才能留在手心里。虽然孩子还小，父母也不赞成孩子现在就恋爱，但是在孩子失恋之后，父母还是应该引导孩子形成正确的爱情观，让孩子知道爱是以尊重和信任为基础的，也让孩子知道只有经历了痛苦，才能茁壮成长。相信在父母的鼓励下，孩子一定能够振奋精神，坚持成长，提升自我，这样才配得上在未来拥有更美好的爱情。

告诉孩子偷吃禁果的严重后果

对于爱情，青春期的孩子身心都在蠢蠢欲动，他们的心理上渴望接近异性，他们的身体上因为荷尔蒙的大量分泌，也非常渴望接近异性。青春期的孩子无疑对禁果感到好奇，也感受到巨大的诱惑力。在学校里，老师告诫孩子不能偷吃禁果；在家庭生活中，父母再三叮嘱孩子不能偷吃禁果。即便如此，依然有很多孩子偷吃了禁果，导致了非常严重的后果。

在中国传统的家庭教育中，父母并没有承担起对孩子进行性教育的重任，反而都对性教育讳莫如深，不愿意告诉孩子一些性知识，也不愿意让孩子了解性知识。然而，孩子的成长是不以任何人的意志为转移的。哪怕父母刻意逃避对孩子进行性教育，孩子也依然可以通过各种渠道来了解他们想要知道的性知识。

很多人也把性称为潘多拉的魔盒，认为只要打开了魔盒，就会让孩子的成长充满了各种灾难。实际上，这是自欺欺人的做法。与其让孩子通过各种不良的渠道去获悉性知识，得到性教育，父母还不如亲自对孩子进行系统的性教育，这样孩子反而能够了解性知识，也能够更好地保护自己。

娜娜才读初三，就已经出落得非常高挑了，身高比妈妈高，长得亭亭玉立。娜娜不仅身材好，样貌好，学习成绩也很好。最重要的是她性格温和，是班级里最温柔的女生，这使得娜娜的追求者特别多。

有一天，娜娜又接到了一个追求者的求爱信。对此，娜娜并不以为意，因为她收到的求爱信实在太多了。但是当看完信之后，她却怦然心动了，原来给她写信的是全校著名的校草。一直以来，娜娜从来不把任何男生看在眼里，唯独对校草情有独钟。现在，校草主动对娜娜表达爱意，娜娜又怎么能不芳心萌动呢？

娜娜很快就给校草写了一封回信，校草和娜娜两情相悦，马上就私下确定了恋爱关系。在这件事情之后，娜娜明显有了改变。原本，她最喜欢素面朝天，也不讲究穿着打扮，但是自从得到了校草的喜爱，娜娜越来越注重个人的形象。妈妈看出了娜娜明显的改变，经过询问得知娜娜与校草之间的关系，妈妈对娜娜说："娜娜，早恋并不是一件罪过，只是发生在了错误的时间。你们现在正处于初三阶段，是冲刺的关键时期，如果不能考上重点高中，将来就考不上名牌大学。如果你和校草是真心喜欢的，那么妈妈希望你们能够一起努力，将来在名牌大学里相见，你们的爱情会得到所有人的祝福。这可比现在搞地下情要好得多。而且妈妈必须告诉你的是，你们现在虽然看起来身形上已经接近成人，但是并没有发育成熟。如果进行性行为，就会给自己和对方都造成很大的伤害。所以妈妈希望你一定要保护好自己，尤其是作为女孩子，一时的冲动将会给自己的一生都带来很大的影响和不可挽回的伤害。"

娜娜听了妈妈的话，不好意思地低下了头。这个时候，妈妈拿了一本关于青春期教育的书给娜娜看。娜娜特意读了关于性行为的内容之后，这才对妈妈的用心良苦有所领悟。后来，娜娜和校草约定一起努力，共同考上重点高中，将来去同一所名牌大学里读书。校草对娜娜的提议也很赞同，但是在长期的相处过程，校草还是忍不住对娜娜心动了。有一次，他对娜娜提出了性行为的要求，娜娜坚决地拒绝了他。后来，娜娜有意识地疏远了校草，他们相约目前就当普通同学，等到考入同一所名牌大学之后再联系。

幸好妈妈对娜娜提早进行了性教育，所以娜娜才能在面对自己喜欢的男孩提出的性要求时坚决拒绝，这都是因为妈妈教育得及时，而且教育的方法也很得当。很多父母都对性教育讳莫如深，延误或者忽视性教育，只会给孩子带来更大的伤害。只有及时对孩子开展性教育，让孩子学会保护自己，让孩子勇敢地拒绝他人，孩子才能保护好自己。

每年到了暑假过后，医院里就会迎来一波学生潮，这是因为在暑假里，孩子们在一起相处，会做出各种出格的举动，甚至有一些初中女生在自己毫不知情的情况下就怀孕了，这都是因为性知识缺乏导致的。如果父母告诉孩子性知识，也告诉孩子如何在发生性行为之后保护好自己，那么就可以避免孩子受到更深的伤害。在日常生活中，父母要以正确的方式对孩子进行性教育，同时也要告诉孩子性行为的后果是很严重的，从而避免孩子偷吃禁果。

逃避从来不是教育孩子的好方式，为了孩子的身心健康，父母应该勇敢地肩负起自己的责任，让孩子在了解性知识的基础上，冷静坦诚地面对性行为，让孩子知道他们有性的需求和渴望都是正常的，但是要学会控制自己的欲望，也要避免过早地发生性行为，这样才是对孩子负责的家庭教育。

在日常生活中，为了避免孩子偷吃禁果，父母还可以采取一些其他做法。除了对孩子进行性教育之外，还要帮助孩子发泄多余的精力。青春期的孩子精力旺盛，父母可以带着孩子一起去运动，或者登山、远足等，这些都可以帮助孩子转移注意力，不再对性产生不切实际的幻想。

女孩子更要学会保护自己。在很多早恋的关系中，很多女孩不懂得拒绝男性的不当要求，因而在情愫萌动中与男性发生了性行为，导致自己的身心都受到了严重的伤害。父母对孩子进行性教育，一是为了避免孩子偷吃禁果，二是让孩子在偷吃禁果的时候知道如何保护自己，这样才能对孩子起到双重的保护作用。不可否认的是，避孕是孩子保护自己的最后一道防御措施，不管是男孩还是女孩，都应该知道如何避孕，这样才能够避免性行为给自己带来更大的伤害。

父母在对孩子进行避孕教育的时候，要讲究方式方法，毕竟我们的初心是要告诉孩子偷吃禁果的严重后果，从而避免孩子偷吃禁果。对于避孕知识，一旦讲述不当，就会使孩子误以为父母是允许他们偷吃禁果的，这样就起到了相反的效果。父母要根据自家孩子的性格特点，也要根据当时的实际情况，采取合适的方式对孩子进行性的教育，这样才能起到预期的效果。

第09章

让孩子把学习当成战场，父母不是孩子学习的敌人

对于孩子而言，学校就是他们的战场，书本就是他们的武器。青春期孩子正处于学习的关键时期，如果不能端正心态，全身心地投入学习，导致在学习上严重的落后，那么将来要想再迎头赶上就会很难。在青春期间，孩子正处初高中的学习阶段，学习的任务是非常繁重的，学习的节奏也是很快的。如果孩子不能端正对学习的态度，就会感到特别迷惘，所以父母一定要引导孩子正确地对待学习，尤其是不要因为学习而与孩子产生矛盾，使自己与孩子处于对立的状态。父母只有成为孩子的盟友，给孩子提供最强力的支持，孩子在学习上才能突飞猛进。

尊重孩子的兴趣，发展孩子的特长

近些年来，关于教育的口号层出不穷，最为流行的就是不要让孩子输在起跑线上。其实，人生是一场马拉松，在起跑线上早一分或者是晚一秒，并不会影响孩子最终的结果。毕竟人生不是百米冲刺，起跑就决定了最终的结局，所以父母对于孩子的学习要怀有正确的态度，端正心态，而不要急功近利。很多父母都望子成龙，望女成凤，为了让孩子赢在起跑线上，他们甚至给几个月的孩子报名参加亲子活动班，给幼儿园的孩子报名参加各种特长班，让孩子小小年纪就失去了自由成长的空间，每天都跟随着父母奔波在课外班之间。这么做，父母会感到非常疲惫，孩子更是压力山大。

近些年来，各种各样的课外班、兴趣班、培训班如同雨后春笋般层出不穷，而且发展得非常快速，都是因为父母盲目跟风。他们根本不在乎孩子真正喜欢什么，也不尊重孩子的意愿，而只知道花费重金给孩子报名参加各种班。那么，孩子们真的能够如同父母所期望的那样琴棋书画样样精通，学习上各个科目都非常擅长吗？当然是不可能的。

每个孩子的时间和精力都是有限的，他们不可能面面俱到，把父母报的所有班都学得非常好。此外，每个孩子的天赋也是不同的。有些孩子擅长画画，有些孩子擅长唱歌，有些孩子喜欢安静，有的孩子喜欢运动。父母应该根据孩子的天赋和特长，培养孩子的兴趣，而不要总是强求孩子在每个方面都得到最大的进步，这样不仅违背了让孩子发展特长的初衷，而且还会损害孩子对于学习的兴趣，使孩子苦不堪言。

如果孩子小的时候还不知道自己对什么东西感兴趣，父母可以让孩子尝试不同的兴趣班，从而发现孩子真正的兴趣所在。在到了初中之后，孩子进入了青春期，随着不断成长，他们的思考能力越来越强，对于自身也有了一定的了解，渐渐地就会知道自己有哪些特长，适合参加什么兴趣班，也知道自己应该发展哪方面的核心竞争力。对于初中的孩子而言，强迫显然已经不能够让他们顺从，明智的父母会尊重孩子，与孩子进行积极的沟通，从而了解孩子的兴趣所在，这样在发展孩子的特长时才能事半功倍。

父母需要知道的是，孩子的天赋并不是后天培养起来的，而是他们天生在某些方面就很擅长。如果能够把孩子的天赋发展成为特长，那么孩子在成长过程中就会更快乐，当然，特长可不是在短时间之内就能够培养出来的，孩子必须付出漫长的时间，坚持学习自己感兴趣的东西，才能够循序渐进地进步。有一些东西坚持起来是非常难的，例如孩子弹钢琴。钢琴的练习是很枯燥的，很多孩子都不能坚持下来。在这种情况下，如果孩子又很排斥和抵触学习钢琴，那么他们如何能够始终坚持如一呢？所以，父母在培养孩子的兴趣和特长时一定要尊重孩子的意愿。

当通过观察知道了孩子真正的兴趣所在之后，父母才要集中精力来发展孩子的特长。有些父母恨不得让孩子把每一门课程都学得很好，这显然是根本不可能做到的。别说是孩子，就算是成人，也不可能真正做到全面发展。我们要观察孩子真正感兴趣的东西，我们要了解孩子的意愿，我们要能够设身处地地为孩子着想，我们要把选择的权利和机会交还给孩子，让孩子为自己的成长做主，让孩子收获快乐的成长。

现实生活中，还有很多父母会进入一个误区，那就是对于自己没有实现的梦想，他们会不由分说地强加到孩子身上，希望孩子能够代替他们实现梦想。这显然违背了教育孩子的初心。每个人都有自己的人生，父母的人生理应由父母负责，孩子的人生理应由孩子负责。父母不要剥夺孩子选择自己人生的权利，对于自己没有完成的梦想，父母应该自己努力去实现，而不要强求孩子。

有些父母为了让孩子提升素质，培养兴趣，会为孩子选择学习那些技术含量高的特长项目。如果孩子在这些方面没有天赋，未免是强人所难了。实际上，兴趣爱好理应让孩子感到轻松，也很愿意去做，所以在培养和发展孩子的兴趣爱好时，应该不分高低贵贱。在为孩子选择兴趣班或者特长班的时候，要以孩子是否感兴趣为首要的标准，在此基础之上，孩子才能坚持学习，获得成长。

随着渐渐成长，孩子的思考能力越来越强，他们也会更加明确自己的喜好。那么，在培养孩子的特长时，父母要更加尊重孩子的兴趣爱好，也要把选择的权利交给孩子，让孩子做自己喜欢的事情。做感兴趣的事情，即使再辛苦，孩子也不会觉得累，即使再枯燥，孩子也能坚持下去。被强迫着做自己不喜欢的事情，哪怕有很好的条件，也得到了父母的支持，孩子也未必能够始终如一。由此可见，父母的尊重和爱才能让孩子扬起特长的风帆。

不要让孩子背负父母的遗憾

在这个世界上，谁对自己的人生没有任何遗憾呢？当被问到这个问题的时候，相信大多数人都不能当即给出回答，或者即使给出了回答，也有很多人认为自己的人生是有遗憾的。这很正常，俗话说，人生不如意十之八九，每个人在人生中都会遭遇各种不如意，都会留下或大或小的遗憾。作为父母，你如何对待自己的遗憾呢？

对于自己的遗憾，有些成人会抱憾终生，他们把这些遗憾埋藏在自己的心底，每当想起来的时候都会感到特别失落。有些成人则采取完全不同的方式，他们在有了孩子之后，就会把自己的遗憾转嫁给孩子，希望孩子能够完成父母未竟的理想和志向，圆满父母当年的遗憾。不得不说，父母这样的做法是非常自私的。孩子虽然因着父母才来到这个世界上，但是他们并不是父母的附属品，也不是父母的私有物，他们是完全独立的生命个体，他们有权力决定自己的人生，有权力做出自己生命之中的每一个选择。

从理性的角度来讲，很多父母都知道不能让孩子来对父母的遗憾负责，但是在现实的生活中，依然有很多父母会把自己的遗憾强加给孩子，这就是理想与现实的差距。对于青春期的孩子来说，他们对于人生已经有了自己的规划，或者是梦想，或者是憧憬，他们想要拥有属于自己的人生，而不想把自己活成父母的影子。父母在寄希望于让孩子实现自己的遗憾时，是否曾考虑过孩子的感受呢？如果父母强求孩子弥补他们的遗憾，就会激起孩子的逆反心理。例如，孩子原本是很热爱学习的，因为他们想要实现自己的梦想，现在却对学习怀有很消极的态度，因为他们知道自己会被父母所干扰。这样截然不同的心态，使孩子与父母之间会发生各种矛盾和争执。有些父母特别强势，也会逼着孩子服从自己的意愿。还有一些孩子一直对父母逆来顺受，尽管心里很不乐意，但是却只能以牺牲独立自主的空间与自由为代价去对父母选择表示顺从，不得不说，这是孩子的悲哀。

进入青春期，每个孩子的自我意识都越来越强。他们有自己的理想，也有自己的情绪与感受。孩子坚持学习，却不是为了父母，而是因为他们想要拥有属于自己的人生。偏偏有太多的父母都把孩子当成学习的机器，也把孩子当成自己创造的机器，他们想随意地改变孩子，想让孩子为自己做很多事情，就这样不由分说地剥夺了孩子的权利。这样的霸道独断，对于孩子来说是极其不公平的。

说到这里，父母也许会感到满心委屈。他们常常说：我们生活的年代哪有现在好呀？当时，我们如果有你们现在这么优渥的条件，我们一定会学习特别好，我们也会知道读书的机会是很难得的。对于父母的抱怨，孩子并不能做到感同身受，因为他们生活在如今的时代里。这是一个和平的年代，社会在快速发展，经济在飞速提升，物质极大丰富，所以孩子不会理解和体谅父母曾经的生活有多么艰难。

现在的孩子也非常自我，他们从小就在父母无微不至的关注和照顾下成长，他们考虑任何问题都从自我主观的角度出发。父母却要求他们放弃自我，代替父母去活，他们当然不会愿意了。

父母不能要求孩子继承自己的遗憾，孩子将来不能要求自己的孩子继承自己的遗憾，虽然生命代代繁衍生息，但是每一代的生命都是独立的，每一代的生命都有自己的目标。我们固然可以理解父母希望孩子能够帮助他们实现遗憾的心情，但是这样的举动却是绝不明智的。

也有一些父母虽然不想让孩子承担父母的遗憾，但是他们却已经提前规划好了孩子的人生之路。他们生怕孩子将来吃太多的苦头，没有好的生活，所以现在就竭尽所能地为孩子提供成长的模式。也许孩子小时候还没有与父母反抗的意识，但是在进入青春期之后，孩子就不愿意再按部就班地走在父母为他们安排好的道路上了。

例如，很多孩子在高考的时候都想考到离家更远的城市，但是父母却因为担心孩子不能照顾好自己，所以希望孩子考在自己家所在的城市。在很多家庭里，每当高考的时候都会出现这样的矛盾和争执，明智的父母应该对孩子放手，尊重孩子的想法，支持孩子的选择。孩子离家远也没有关系，只要他们具有独立生活的能力，能够照顾好自己，他们同样可以健康快乐地成长。说不定因为离开了家，他们还会感受到父母对他们的爱呢！

父母最终的目的是让孩子成为独立的人，让孩子能够对自己的人生负责，那么从现在开始，就不要总是过多地干涉孩子。父母是自己的造梦

师，孩子是自己的规划师，父母只有尊重孩子的人生规划，支持孩子去实现人生规划，孩子才能拥有更加充实精彩的人生。

引导孩子明确学习的意义

孩子们进入初中一年级的时候正好是12周岁，青春叛逆期开始的年纪也是12周岁。由此，孩子进入初中这个重要阶段的学习与进入青春叛逆期是完全重合的。这就意味着父母不但要面对孩子的青春叛逆期，还要陪伴孩子度过小升初的适应阶段，父母的确任重而道远。

和小学阶段的学习模式截然不同，在初中阶段学习的模式发生了很大改变，孩子对于学习的观念也应该随之改变。如果说小学阶段的教育主要是以填鸭式教育为主，对孩子灌输各种基础知识，那么在进入初中之后，孩子在学习上就应该更加主动，要富有创新性，这样才能成为主动的学习者。只靠着被动接受老师的知识，已经无法在初中阶段应付繁重的学习任务，孩子必须调动起积极性，认识到学习的意义是为了自己，学习是为了实现自己人生的价值，创造自己人生的意义，从而主动自发地学习，才能更好地承担起学习的重任。

对于学习，很多孩子都存在误区，他们觉得学习是为了父母，因为每次考试父母都比他们更紧张。也有一些孩子觉得学习是为了将来有好的工作，有好的生活，实际上学习有更深远的意义，那就是让孩子在将来的人生中具有更大的选择性空间，拥有真正的选择自由。现代社会上，很多人都说自己最大的理想是拥有财务自由，实际上财务自由只是浮云，人生中最高等级的自由应该是选择自由。有了选择自由，孩子们就不必迫于生计的压力而必须从事某项工作，孩子们就可以选择做自己喜欢的事情，孩子们就可以选择在这个城市生活，或者在那个城市生活，这样才是最高的自由。

在进入初中生活之后，学习压力陡增，学习上作业量也大增，学习的模式更是有了很大的改变，所以很多孩子都会陷入迷茫之中。尤其是随着自我意识的发展和身体的变化，孩子的情绪也会处于剧烈的起伏波动之中。这样一来，孩子就承受着各方面的压力，很容易紧张焦虑。对于学习，如果不能做到得心应手，孩子们就会采取消极的态度，甚至会故意反抗学习。而对于望子成龙、望女成凤的父母而言，看到孩子们在学习上如此消极和抵触，一定会焦心如焚。

青春期不但是孩子学习的关键时期，也是孩子形成人生观、世界观和价值观的重要阶段。在青春期里，如果孩子不能做到积极向上，而始终处于消极的情绪之中无法自拔，那么长此以往，孩子的身心发展都会受到限制和阻碍。现代社会上，很多人的心态都特别浮躁，他们一切向“钱”看，宣扬读书无用论，也有很多负面事例在网络上流传，这些都在误导孩子即使不学习，也会做出很大的成就。

例如韩寒高中时辍学，不但成为了赛车手，而且还成为了作家。再如，比尔·盖茨从哈佛大学退学，创办了微软帝国。实际上，人们在讨论这些案例的时候都犯了幸存者偏差的错误，他们只看到了这些没有坚持读书而获得伟大成功的人，却没有看到在这些人的身后有无数个因为放弃学习而过着卑微生活的人。父母们在引导孩子明确学习意义的时候，一定要让孩子看到更多读过书的人过上了自己想要的生活，而绝大多数没有坚持读书的人都生活在底层，过得并不如意，从而帮助孩子形成正确的学习观，让孩子真正明确学习的意义，也帮助孩子走出学习的迷惘期。

首先，帮助孩子确定梦想。梦想是人生的引航灯，有了梦想，孩子才能找到明确的方向。如果没有梦想的指引，孩子们对于学习就会始终处于迷惘的状态。在孩子成长的过程中，父母可以经常询问孩子未来想成为什么样的人，想做成什么样伟大的事情。虽然孩子小时候也许并不理解这些问题的含义，但是随着父母坚持引导，孩子们对于梦想就会渐渐明晰起来。这个时候，父母再告诉孩子实现梦想的唯一途径就是读书学习，孩子就会认识到学习的重要意义。

其次，如果说梦想是远期目标，那么接下来父母要帮助孩子们制订中期和短期目标。远期目标是非常远大的，孩子在短期之内根本不可能实现，所以远期目标往往只能为孩子明确方向。与远期目标不同，中期目标和短期目标则对孩子具有更现实的指导意义。尤其是短期目标，因为孩子在努力之后就能够实现短期目标，此时他们会很有成就感。如果这个目标太小，或者是这个目标过高，那么对孩子都不能起到激励的作用。所以在制定短期目标的时候，父母还要引导孩子制订适宜的目标，这样才能对孩子起到督促和激励的作用。

再次，父母要帮助孩子树立正确的学习观念。很多孩子都觉得读书没有用，或者认为读书并不能帮助他们赚到钱，这使得孩子恨不得马上就辍学外出打工。实际上，这样的孩子都是因为没有吃过苦，才会对校园之外的生活满怀憧憬。必要的情况下，父母可以让孩子们去建筑工地上体验几天辛苦的工作，让孩子们知道如果不读书，就只能做这样的重体力劳动，孩子们就会知道原来读书学习尽管辛苦，比起去工地上干活，却是一件更轻松更快乐的事情。

最后，在家庭生活中，父母也要给孩子积极的作用力。有些父母经常当着孩子的面抱怨工作很辛苦，抱怨生活很艰难。长此以往，就会影响孩子的心态，使孩子也变得消极被动。父母应该鼓励孩子正确地面对生活中的艰难困苦，也要让孩子鼓起信心和勇气，知难而上，迎难而上，这样才能攀登高峰。尤其是不要当着孩子的面抱怨工作的苦和累，而是要经常告诉孩子世界上没有什么事情是一蹴而就的，天上也不会掉馅饼。每个人要想得到小小的收获，就要坚持付出，这样孩子才会真正理解书山有路勤为径，学海无涯苦作舟的含义。

当父母陪伴孩子走过学习的迷惘期，帮助孩子明确学习的意义，相信孩子就会从被动学习转变为主动学习。这对于孩子的学习路程是一个非常明显的里程碑，甚至是孩子一生中的重要转折点。

适度期待，别对孩子过高期望

每个父母都希望孩子能够出类拔萃，对孩子满怀期待，父母的心情，我们当然是可以理解的。然而，父母如果对孩子怀有过高的期望，孩子非常努力却始终距离父母的期望遥遥无期，孩子就会产生挫败感，也会感到自己的努力是毫无价值和意义的，甚至会由此而放弃努力。父母对孩子提出期望，要以尊重孩子为前提，要以孩子的实际情况为基础。有些父母还会犯主观主义的错误，误以为父母的意愿能够决定孩子的成长。其实，孩子的成长并不会以父母的主观意志为转移，即使父母每时每刻都希望孩子成为一个成功者，孩子也未必能够真的成功。父母在对孩子提出希望的时候，要更多地考虑孩子的实际情况，也要顾及孩子的心理感受。这个期望最好是孩子经过努力之后能够实现的，这样孩子才会继续努力，也才会在成功之后获得成就感。否则，就会导致事与愿违。

青春期的孩子叛逆心理很强，自尊心也很强。如果父母对他们提出了期望，他们非常努力，却并没有实现父母的期望，那么他们会做出怎样的本能反应呢？面对巨大的压力，很多青春期孩子的本能反应就是逃离。对于孩子的逃避行为，父母们即使加以指责也毫无效果，这是因为孩子一旦决定逃离，就不会再因为父母的劝说而做出改变。因而父母在对孩子提出期望的时候，一定要适度，切勿引起孩子的应激反应。

初中阶段，乐乐就是班级里的好学生，属于学霸级的学生。他在学习上特别努力，又因为天赋很高，所以总能在班级里取得前三名的好成绩，在年级里也是出类拔萃的。在中考中，乐乐超常发挥，顺利地考入了全市顶尖的重点高中。对于乐乐这样的成绩，爸爸妈妈都感到欣喜异常。

进入重点高中之后，乐乐才发现重点高中里高手如云，原本在初中阶段，他是老师的宝贝，全校的老师都很关注他，就连校长都记住了他的名字。但是在重点高中的第一次模拟考试中，他的成绩在班级里只能排到中等，面对这样巨大的落差，乐乐感到有些难以接受，他甚至后悔自己考入重点高中了。因为如果进入普通的高中，他就依然会是老师最得意的门生。

对于乐乐这样的想法，爸爸妈妈丝毫不理解，他们也不知道乐乐正承受着怎样的压力。经过第一次摸底考试之后，爸爸妈妈如临大敌，他们每天都在乐乐面前唠叨，叮嘱乐乐一定要努力争取考入班级前十名，这样才能考入名牌大学。他们还对乐乐说："如果你只是处于班级中等的位置，那么你将来考重点大学就很有问题了。"乐乐对此很不服气，他对爸爸妈妈说："之前我在班级里考前三，但是那是一所普通的中学，现在我可是在最顶尖的重点高中啊，你们还要求我考前十，这不是有点太强人所难了吗？"爸爸妈妈说："的确，你在重点高中考前十，比在普通中学考前三更难。但是既然已经进入了重点高中，你就要有拼搏的精神。"

虽然爸爸妈妈对乐乐寄予了厚望，但是在接下来的月考、期中考试之中，乐乐的成绩还是处于班级二十几名。爸爸妈妈失去了耐心，从苦口婆心地劝说乐乐发奋图强，到对乐乐勃然大怒，这让乐乐无法接受。在期中考试之后。乐乐收拾好衣服，背起行囊，去了千里之外的爷爷奶奶家里。他并没有给爸爸妈妈留下消息，所以爸爸妈妈都急得如同热锅上的蚂蚁。后来，乐乐到了爷爷奶奶家，爷爷奶奶打电话告诉了爸爸妈妈乐乐的行踪，爸爸妈妈悬着的心这才放了下来。事后，爸爸妈妈进行了反省，妈妈心有余悸地说：“以后，我们可不要再逼乐乐了，这次他是去了爷爷奶奶家，未来如果他去了我们不知道的地方，那我们就很难再找回他来了。”

妈妈的担忧不是没有道理，过高的期望给予孩子无法承受的压力。古人云，凡事皆有度，过度犹不及，对于孩子的教育同样是如此。青春期的孩子原本就敏感脆弱，如果父母给孩子这么巨大的压力，那么孩子就更是会迫不及待地想要逃避。对于孩子的教育，父母要放下功利的心态，要明确认识到孩子的成长是一个漫长的过程，要坚持循序渐进的原则，而不可能一蹴而就，就到达人生的巅峰。

父母在对于孩子未来的期待上，应该与孩子进行沟通，这样才能够与孩子拥有共同的期待。每个孩子的天赋和能力都是不同的，所以父母在对孩子提出期待的时候，应该以孩子自身的条件为基础。好的期待应该能够激励孩子更加努力，而不是让孩子迫不及待地想要逃跑。

父母即使采取强权的政策，也很难逼迫青春期孩子对父母言听计从。明智的父母会对孩子采取引导的策略，让孩子能够主动地学习，也让孩子愿意坚持，这样孩子才能做到积极学习，主动学习，也才能在学习上有所成就。

慎用激将法，坚持纵向比较

在比较盛行的今天，没有什么东西是不可以拿来比较的。在比较的过程中，他们仿佛实现了自身的价值，感受到高高在上的优越感，因而觉得非常满足。实际上，比较并不能始终起到积极的作用，有的时候，不恰当的比较还会导致事与愿违。父母把自己家的孩子拿去与别人家的孩子比较，一旦比不过别人家的孩子，父母就会感到沮丧失望；如果比过了别人家的孩子，父母又会沾沾自喜，在别人面前表现出优越感，引起别人的反感。所以与其进行这样的比较，还不如不做比较，给孩子营造更宽松从容的成长环境。

一般而言，即使需要做比较，也应该坚持纵向比较，而不要进行横向比较，这样才能激励孩子更加努力，坚持进取。印度大思想家奥修曾经说过，玫瑰就是玫瑰，莲花就是莲花，不要比较，只要欣赏就好。对于孩子，父母也应该怀有这样的态度。其实，每个孩子都是独立的生命个体，每个孩子都有自己的天赋和个性，也都有自己成长的背景，所以把不同的孩子放在一起比较原本就是不合理的。

世上本无事，庸人自扰之。当父母热衷于比较，孩子的心态就会不稳，对于学习和成长的初衷也会发生改变。常言道，人外有人，山外有山。每个人都不可能是这个世界上最优秀的人，都一定会面对更优秀的竞争对手。所以与其这样盲目地进行比较，导致自己自傲或者是自卑，不如进行有意义的比较，激励自己持续进步。毕竟每个人的人生目标不是做更好的他人，而是做最好的自己。为了实现这个目标，我们比较的唯一的对象就应该是自己。

如果真的想比较，就要把自己的今天与昨天比较，看看自己的今天有没有进步，或者把自己在这件事情上的表现与在其他事情上的表现进行比较，从而督促自己在每件事情上都能够表现得更好。当然，比较也是有一定积极意义的，能够帮助我们看到自身的不足，也能够帮助我们看到他人的优势和长处，这样我们就可以向他人学习。进行这样的比较，目标不是为了获得优越感，而是为了督促自己进步，也是为了认清楚自己的位置和价值。

只有坚持正确的比较，父母才能够激励孩子不断进步。有一些父母喜欢对孩子使用激将法，例如说孩子“你就是不如某某同学那么优秀”“我看你永远也赶不上某某同学”。父母这样说的初衷是希望激发起孩子的求胜心，让孩子鼓起信心和勇气超越那位同学，但是有些青春期孩子敏感细腻，自尊心非常强，如果父母这么说，孩子很有可能说“我就是不如那位同学，你们觉得那位同学好，就去认那个同学当儿子呀”，被孩子这样怒怼一顿，父母往往哑口无言。孩子说得有没有道理呢？孩子说得非常有道理。父母可以换一个角度来想，孩子从来没有嫌弃我们做父母不够优秀，我们又为什么要嫌弃孩子不够优秀呢？孩子无条件地接纳我们父母，我们作为父母又为什么不能无条件地接纳孩子呢？

不可否认的是，青春期的孩子会有各种各样的小问题，例如有些孩子心思狭隘，自私任性，拖拖拉拉，这些小问题并不影响孩子的可爱。虽然会给孩子生活带来一些小小的影响，但是父母要引导孩子改掉这些小小的缺点，让孩子完善和提升自己的行为。有些父母一旦对自家孩子不满意，就把自家孩子与别人家的孩子作比较，或者把自家孩子与自己心目中优秀的孩子作比较。这都会是让孩子沮丧失落，自暴自弃的。父母总是热衷于使用比较的方法，认为比较能够激发起孩子不服输的个性，实际上结果恰恰相反，孩子有可能认定了自己就是这样的人，也有可能会认定自己只能表现到这个程度。

没有人愿意被别人拿来比较，孩子如此，家长也是如此。当父母意识到自己不喜欢被比较之后，也就不要再把孩子拿去与其他孩子比较。越挫越勇的确是一种非常理想的状态，但并非每个孩子都能拥有这样的状态。父母如果不能做到坚持在比较中进取，也就不要强求孩子，正所谓己所不欲，勿施于人。

常言道，尺有所短，寸有所长。每个人都有自身的优势和长处，也有自己的缺点。在这个世界上，绝对完美的人是根本不存在的。父母在发现

孩子有很多缺点和不足时，不要忘记发掘孩子的优势和长处。在对孩子进行教育的时候，父母切勿只是盯着孩子的缺点不放，也要对孩子的优点进行表扬和赞赏，这样才能激励孩子继续努力和进步。

具体来说，父母要想改变比较的心态，就要对孩子怀有一颗平常心。对于很多父母来说，最大的难关不是在接送孩子的时候付出多少辛劳，为孩子报班的时候花了多少金钱，而是要接受孩子的普通和平凡。新生命呱呱坠地的那一刻，父母就认为自家的孩子是出类拔萃、无人能及的。在抚养孩子的过程中，父母最终会发现自家的孩子是很普通和平凡的。父母只有接受孩子的普通和平凡，才能够对孩子适度期待，也才能对孩子怀有平常心。

孩子在某些方面表现不够好的时候，父母要和孩子一起分析原因，找到原因之后进行弥补，或者改正错误，查漏补缺，这样才能与孩子一起进步。如果父母只是一味地指责孩子，而并不告诉孩子如何做才能更好，也不知道孩子如何做才能取得进步，那么孩子就只会原地踏步。

不过，我们只是说不能比较，并没有说不给孩子树立榜样。孩子在成长过程中还是需要榜样和标杆的，这个榜样不一定要是孩子的同龄人，也可以是父母，还可以是孩子喜欢的某一位老师，甚至是某一个明星。总而言之，只要能对孩子起到激励的作用，这个榜样就是好榜样。父母在选择榜样的时候，不要局限于孩子的同班同学或者一起玩的伙伴儿，而是可以把目光看得长远一些，让思路更开阔一些，要选择一个切实能对孩子起到激励作用的榜样。

第10章

有兴趣就不会沉迷，让孩子感受到现实世界的精彩

网络就像一把双刃剑，既给我们的生活带来了很多便利，也给我们的生活带来了很多困扰。很多青春期男孩不能控制好自己，所以网络成瘾，沉迷在网络的世界里，受到很多不良信息的影响，最终变成了问题少年。很多父母为了帮助孩子戒除网瘾，想出了各种办法，或者让孩子与网络隔离，或者把孩子送去戒网瘾学校，有些孩子甚至因此而失去生命。不得不说，父母这些做法都是不明智的，要想帮助孩子远离网络，戒掉网瘾，父母一定要让孩子感受到现实世界的精彩，这样孩子才不会沉迷于虚拟的世界中无法自拔。

戒网瘾，不需要彻底隔绝网络

这些年来，很多网络成瘾的孩子沉迷于网络，导致了很严重的后果，他们或者完全逃避现实的生活，或者放弃学习，或者在网吧里疯狂地玩游戏。还有一些孩子为了得到钱财去网吧，甚至残忍地杀害自己的亲人。不得不说，这样的行为都是令人感到非常心痛的，也是我们作为父母所不愿意看到的。

现代社会，互联网发展的速度非常快，如今几乎家家户户都有了电脑，也连接了网络。网络虽然给生活带来了很多便利，但是也给生活带来了很多负面作用，尤其是青少年的自控能力比较差，对于网络世界的喧嚣和繁华又特别感兴趣，因而在不知不觉间就会形成网瘾，也由此受到了很严重的伤害。青少年上网成瘾不仅会影响自身的身心健康，影响自己的学习状态，而且还会给家庭带来很大的痛苦。有一些孩子因为网络成瘾，在得到了钱财之后就去网吧里疯狂地玩游戏，严重伤害了自己的身心健康。2015年11月，有一名年仅15岁的孩子在网吧里玩游戏5小时，导致了猝死。不得不说，这些事件的发生都令人扼腕叹息。

即使青春期孩子能够控制住自己，一旦超长时间上网，也会导致身心受到伤害。从生理的角度来说，腰酸背痛、颈肩发麻、精神萎靡不振、视力严重下降等，都属于电脑综合症。此外，当孩子长期沉迷于网络游戏，感受暴力血腥，他们在现实生活中还会出现感情冷漠、不愿与人交往、情绪低落、食欲不振等变化。

青春期孩子正处于初高中的学习阶段，初高中的学习对孩子将来能否考上大学起到决定性的作用，甚至会对孩子的一生都产生影响。孩子的时

间和精力都是有限的，面对繁重的学习任务，如果他们把过多的时间都用于网络之上，那么他们就没有时间和精力去完成作业，这会使得他们学习成绩严重下滑，也是父母所不愿意看到的。

我们阐述了这么多网络的危害，但是并不能把青少年网络成瘾现象完全归咎于网络。实际上，网络的确给我们的生活带来了很多便利，例如，有一些孩子会利用上网的机会查阅学习资料，了解时事新闻，还会玩一些有益的游戏，并且结交朋友，这些都是孩子们从网络中感受到的快乐。和现实生活中的世界相比，网络上的世界丰富多彩，充满了奇幻的色彩，也非常神秘，所以对孩子的吸引力是更大的。

那么，对于网络成瘾的孩子，父母要想帮助孩子戒掉网瘾，又应该怎么做呢？很多父母都采取简单粗暴的方式，坚决禁止孩子触碰网络，让孩子与网络彻底隔绝，这样的方式只会激发起孩子对于网络更多的好奇，让孩子的网瘾变得越来越严重。父母不应该矫枉过正，而是应该对孩子沉迷网络的表现采取疏通的方式。帮助孩子戒除网瘾，正像大禹治水，宜疏不宜堵。

一味地阻止孩子上网，会使青春期孩子的叛逆心理变得更重，也会使孩子失去网络这个便捷的生活和学习工具。父母在面对孩子的网瘾时，应该综合考量，权衡利弊。首先，不要盲目地禁止孩子上网，而是要引导孩子健康地使用网络，并且要控制孩子使用网络的时间，从而让孩子能够合理地使用网络。其次，要引导孩子利用网络进行学习，通过网络查找一些资料，这样孩子才会感受到网络的便捷性，并且在学习上也能够得到帮助。再次，在家庭中上网的时候要设置防火墙，阻隔那些不好的页面信息。很多页面上都有一些不良信息，会对孩子产生负面作用和影响，在设置防火墙之后，就可以为孩子营造绿色的上网环境，让孩子在网络上看到更多积极有用的信息。最后，要和孩子约法三章。很多父母为了控制孩子上网，每天都会和孩子发生争执。实际上，这样的争执不但会让孩子感到疲惫和厌烦，也让父母感到不堪重负。父母要为孩子树立上网的规矩，让孩子知道上网可以，却不能无限度，这样孩子就会在上网的时候做到自觉主动地开始，自觉主动地结束，而父母呢，也就不需要再每天针对上网的问题和孩子产生矛盾和冲突了。

总而言之，让孩子与网络隔绝，在现代社会是很难做到的，否则孩子就会失去学习和获取信息的重要渠道。只要孩子每天能够控制使用网络的时间，并且能够在健康的网络环境中学习和成长，那么网络就能对孩子的学习发挥有益的作用。当然，制定和遵守规矩的好习惯需要漫长的时间才能养成。父母要相信这是一劳永逸的行为。只有帮助孩子制定规矩，让孩子养成遵守规矩的好习惯，孩子才能与网络共处，也才能合理地利用网络资源，为自己的成长助力。

可以聊天，不能滥聊、网恋

很多孩子上网除了玩游戏、浏览网页之外，还很喜欢利用网络上的各种聊天工具与陌生的网友聊天。有一些孩子本身性格是比较内向的，在现实生活中，他们不好意思与身边的人打交道，也不敢主动地与身边的人搭讪，但是在网络上，因为有网络的面纱遮挡在自己面前，所以他们反而能够袒露自己的内心，变得更为积极、主动、活跃，对于聊天也非常投入。

对青春期的孩子而言，网络聊天是很有吸引力的。曾经有调查机构针对网络聊天进行了专项调查，显示大概有超过80%的孩子之所以上网，就是为了进行网络聊天。说起网络聊天，很多父母都会马上想到网恋，实际上网络聊天与网恋并不能画上等号。就像我们在现实生活中与一个人聊天，难道我们就一定要与他恋爱吗？网络聊天只是普通的交谈，而网恋则是以恋爱为目的的交流，所以网络聊天与网恋是截然不同的。

但是，网络聊天也是会使人沉迷的。和网络游戏一样，网络聊天也会让孩子沉迷其中。父母要看到网络聊天的优势和劣势，从而正确地引导孩子。从积极的方面来说，孩子通过网络聊天能够消除孤独的感觉，缓解学习的巨大压力，而且在与不同的人聊天的过程中，还可以开阔视野，增长见识。但是网络聊天也有一个弊端，那就是因为网络的面纱遮挡，孩子不知道自己在与什么样的人聊天，也许对方是一个老头子却在冒充一个美少女，也许对方是一个罪犯却在冒充一个善良的人，所以我们说网络是充满诱惑和危险的地方，父母应该告诉孩子网络聊天的各种弊端。

有一些孩子与网友在聊天之后相约见面，结果在见面之后发现对方是个坏人，或者被抢劫了钱财，或者险些被对方谋害了性命，这些都是令人心有余悸的。青春期的孩子并不具备明辨是非的能力，又因为情绪很冲动，缺乏自控力，所以当在网络上与人聊天时被他人诱惑，就很容易上当受骗。为了避免孩子遭遇骗局，父母要告诉孩子如何才能保障自身的安全，也要坚决禁止孩子滥聊或者是网恋。虽然网络聊天不需要花费钱财，但是孩子的时间也是非常宝贵的，而网恋呢，则有可能让孩子走上歧途，所以这两者都是要坚决制止的。

要想让孩子适度地进行网络聊天，父母就要知道孩子进行网络聊天背后的原因。很多孩子之所以进行网络聊天，是因为他们在现实生活中没有得到父母的关注，有很多心事无人诉说。在这种情况下，父母要经常与孩子沟通，更加关注孩子的成长，关注孩子的心灵健康，这样孩子才能在现实生活中得到满足，就不会去网络中寻求安慰了。

其次，父母要告诉孩子如何正确地聊天。在聊天的过程中，一定要保护个人的隐私，不要说自己真实的情况。很多网络上的骗子都会在套取网友的个人信息之后对网友行骗，这是非常危险的。此外，如果网友说一些不合时宜的话，那么要让孩子引起足够的警惕，当即终止与这个网友聊天，这是进行自我保护行之有效的方法。

再次，要鼓励孩子多多与身边的朋友相处，结交现实之中的朋友。孩子在学校里有很多的同学，这么多同学中一定有与孩子志趣相同的人，父母要引导孩子更多地与同学相处，也可以激励孩子与同学开展一些有益的活动。例如和同学一起去远足，和同学一起去看电影，这些都能够帮助孩子增进与同学的关系，加深与同学的感情，使孩子不再沉迷于网络聊天。

最后，要鼓励孩子多参加集体活动。如今，大多数孩子因为生活和学习的压力很大，学习任务繁重，所以基本上没有时间参加集体活动。在学习之余，他们也很少有课外活动。为了帮助孩子转移注意力，让孩子不要在学习之余沉迷于网络，父母要鼓励孩子多多参加集体活动，还可以为孩子报名参加夏令营等，这些都能够让孩子感受到现实生活的乐趣。

有些孩子本身性格内向，不习惯与很多人交往，那么还可以从孩子的兴趣爱好着手，让孩子做一些他们感兴趣的事情。例如有的孩子喜欢打篮球，那么父母可以为他们报名参加打篮球的活动，有的孩子喜欢下象棋，那么父母可以支持孩子下象棋。总而言之，孩子的业余生活越是丰富多彩，他们就越是不愿意放下这些丰富多彩的活动去进行网络聊天。

对于孩子网络聊天，父母应该采取疏导的态度，帮助孩子转移注意力，把孩子的注意力吸引到更有趣的事情上，这样孩子渐渐地就会减少网络聊天的次数，缩短网络聊天的时间，父母也就达到了预期的效果。总而言之，父母不要强制孩子，更不要禁止孩子，否则孩子就会对网络聊天越发热情起来。

是什么“网”住了青春期孩子的心

很多父母都不了解电脑少年为何对生活感到兴致索然，而是把自己的心交给了网络。有些父母很少使用网络，或者对网络游戏不了解，所以他们并不知道孩子到底在网络上寻求怎样的安慰与满足。

现代社会中，互联网越来越普及，网络给我们的生活带来了极大便利，与此同时，也有更多的青春期孩子沉迷于网络，甚至这已经成为了一个引起社会广泛关注的严重问题，或者说成为了一种社会现象。青少年沉迷于网络带来的危害是非常大的，他们不仅会逃避现实的生活，而且会厌学逃学，甚至还会做出犯罪的行为，产生心理障碍。那么，到底是什么网住了青少年的心呢？青少年又为何会网络成瘾呢？我们只有了解这背后的原因，才能够对症下药，帮助青少年戒除网瘾，帮助青少年走出网络的困局。

通常情况下，青少年之所以沉迷于网络，有以下四个原因。

第一个原因，把网络当成是心理宣泄的工具。大多数青少年在现实生活中都感到压力很大，一则，父母对他们寄予了过高的期望；二则，他们在进入初高中的学习阶段之后，面临的学业压力也很大；三则，进入初高中之后，孩子的人际关系变得更加复杂，这些都让孩子们承受了巨大的压力，所以他们会去虚拟的网络世界中进行心理宣泄，释放压力。

第二个原因，青少年在网络世界里进行娱乐。现代社会中，大多数家庭里都只有一个孩子，而且孩子的父母也往往都是独生子女，这就导致孩子们很少有同龄人的陪伴，他们往往会被关在钢筋水泥的城市森林中孤独成长。但是在进入了网络之后，他们就不会感受到孤独。网络有很强的便捷性，不需要孩子们走出家门，就可以让孩子进入精彩纷呈的世界。有些父母因为工作没有时间陪伴孩子，也很少带孩子出去玩。这些孩子足不出户就能够在网络上感受到更为丰富精彩的生活，例如他们可以玩网络游戏，可以和网友聊天，可以在网络上看电影，还可以在网络上买卖东西等。这些活动都是精彩有趣的，不但满足了青春期孩子的好奇心理、猎奇心理，也帮助他们驱散了寂寞。

第三个原因，青少年在网络上表达自己的情感。青春期的孩子有很强烈的情感表达需求，在现实生活中，与父母面对面或者是与老师、同学面对面的时候，他们并不好意思说出自己的真心话。但是在网络上则不同。网络上的人在一起聊天，互相并不见面，他们躲在屏幕后面诉说着自己的心事，即使说得不好，也不会被嘲笑，或者即使被嘲笑，也没有人知道自己是谁。这使得那些内向自卑的青少年感到特别安全，他们在网络上找到了在现实生活中不曾有过的自信，所以才沉迷于网络。

第四个原因，青春期的孩子通过网络来体现自我价值感。青春期孩子的自我意识渐渐萌芽，他们渴望获得别人的认可与肯定，也希望能够找机会表现出自己的价值。在马斯洛的需求层次理论中，爱与被爱、归属与依赖都是人类更高层次的需求。在现实的家庭生活中，父母往往占据着主导地位，青少年很少有机会表现出自己的聪明才干，而在虚拟的网络世界里，青少年可以畅所欲言，也有很多人会倾听他们，他们就这样实现了自我的价值感。他们很迷恋这种感觉，所以不愿意放弃网络生活。

这四个原因都是青少年沉迷于网络的重要原因，了解了这四个原因之后，我们就会发现，如果孩子心理或者情感上的需求在现实生活中不能得到满足，那么他们就会更沉迷于网络生活。父母也就不要再问到底是什么“网”住了青少年的心，正是这些心理的需求和情感的需求“网”住了青少年的心。为了在现实生活中满足孩子的这些心理需求，父母要多多与孩子沟通。在沟通的时候，父母要尊重和平等对待孩子，要像朋友一样与孩子沟通，而不要对孩子居高临下，颐指气使，这样孩子才愿意对父母敞开心。

现实生活中，太多的父母都只关心孩子的成绩，而不关心孩子的成长。实际上，孩子的成长是更为重要的。孩子的内心有着强烈的情感需求，父母应该真正地关心孩子自身。父母不要因为忙于工作就忽略了陪伴孩子，孩子的成长是一个漫长的、不可逆的过程，父母一定要全方面地照顾孩子，帮助孩子消除困惑，才能让孩子健康地成长。

父母要对孩子更加宽容。很多父母对孩子都特别苛刻，他们对孩子或者批评或者否定，这都会让孩子感到无所适从，也会觉得非常失落。明智的父母要宽容地对待孩子，也要多多理解和尊重孩子，这样才能满足孩子。

当然，大多数孩子沉迷网络的一个重要原因是他们觉得现实生活很无趣，很乏味。为了让孩子从网络世界里抽身出来，回归到现实生活，父母要为孩子营造精彩的现实生活。例如在家庭中举行各种各样的活动，和孩子一起做更多有趣的事情，尊重孩子的兴趣爱好，给孩子提供机会发展兴趣爱好，这些都能够让孩子对现实生活再次充满兴趣，从而把孩子的注意力从网络上转移到现实中，有效地帮助孩子戒除网瘾。

帮助孩子增强心灵免疫力，远离网络诱惑

青春期的孩子有很多的情感需求和心理需求需要得到满足，如果这些需求在现实生活中不能得到满足，如从父母身上不能得到关注，那么，孩子就会为了逃避而沉迷在网络的世界里。有的时候，孩子的内心是非常脆弱的，父母在与孩子沟通的时候却很少关注孩子的心理需求，而只是从自身的角度出发，表达对孩子的不满，或者无情地否定和抨击孩子，这都让

孩子感到难以接受。父母要想让孩子戒掉网瘾，就要帮助孩子增强心理免疫力。很多孩子沉迷于网络，是因为网络的世界是虚拟的，那里没有父母的唠叨和批评，没有老师的指责和训斥，那里有的只是虚假的温暖，这会渐渐麻痹孩子的心灵。

在青春期，孩子在生理和心理上都面临着巨大变化，而且承受着很大的学业压力。在这种迷惘的时刻里，他们最需要得到父母的帮助、指导，也迫切需要父母的关爱和照顾。现实却是，父母在孩子小时候全力以赴地照顾孩子，但是随着孩子渐渐成长，父母或者因为工作压力大，生活节奏快，或者因为对孩子感到失望，所以在不知不觉间就忽略了对孩子的陪伴，也很少与孩子沟通。有一些父母在每天与孩子说的有限的几句话中，一直都在询问孩子的学习表现，这使孩子觉得父母只关心他们的成绩，而不关心他们自身，因此感到很失落。

现代社会的确生存压力巨大，作为中年人的父母往往更关注如何给孩子提供更好的物质条件，如何为孩子创造更好的未来，却很少关注孩子的内心。从本质上来说，现代社会的孩子是很孤独的，因为很多家庭里都只有一个孩子，所以他们没有同龄人的陪伴。又因为父母一直忙于工作，所以他们常常需要独自度过漫长的时间。在无聊之余，他们就会去网络上寻找慰藉。还有一些父母对待孩子的方式简单粗暴，动辄就打骂训斥孩子，这将会加剧孩子沉迷于网络的行为。

青春期的孩子有一个显著的特点，就是喜欢与父母对着干。虽然他们并不是故意这么做的，但是他们的身心发展阶段使他们要这么做。所以父母不要总是批评和否定孩子，也不要采取强制高压的方式对待孩子，这只会加剧孩子的逆反心理。父母要改变教育的思路，尊重孩子，也要了解孩子真实的想法，这样才能改变孩子的叛逆行为，让孩子把关注点从网络上转移到现实生活上。

有一些父母始终致力于为孩子提供更好的物质条件，为孩子赚取更多的金钱，却忽略了对孩子的精神家园进行建设。实际上，孩子的吃喝拉撒等生理需求很容易得到满足，他们更渴望得到的是家庭的温暖和父母的关爱。孩子的心理健康成长也是需要养分的，父母必须供给孩子均衡的心理健康养分，孩子才能心灵充实，也才能远离网络的诱惑。

首先，陪伴是最长情的告白。在亲子关系之中，父母对孩子的陪伴是至关重要的。有些父母认为，只要给孩子吃好喝好，就对孩子尽到了养育的责任。其实这远远不够。和吃喝等生理需求相比，孩子更需要满足的是心理需求和情感需求。青春期的孩子是一个矛盾体：一方面，他们渴望独立于父母；另一方面，他们又想依赖父母。所以，父母在这个阶段要更多地陪伴孩子，经常与孩子沟通和交流，这样才能及时体察孩子的心，了解孩子在身心发展上遇到的问题，以及出现的异常状态，从而给予孩子更多的引导和帮助。

其次，不要在孩子面前诟病网络，而是要承认网络的确是很便利的学习和工作工具，这样孩子才会认可父母对网络中肯的评价，也才愿意与父母针对网络进行沟通。否则，如果父母带有过强的功利性，一张口就在孩子面前诟病网络，那么孩子就会对父母心怀戒备，接下来父母所说的话，孩子根本都不愿意听，这些话又如何能对孩子起到良好的教育效果呢？

最后，爱是孩子最需要的成长养分，父母要为孩子营造良好的家庭氛围，给孩子营造温暖、宽松、民主、和谐的家庭氛围。在这样的家庭中，孩子有什么话都可以对父母说，遇到什么难题都可以向父母求助，他们能从现实的家庭生活中感受到温暖，也把现实的家庭当成是自己温馨的港湾，所以网络中虚拟的温情才不会对他们形成诱惑力。

网络具有很强的诱惑力，这一点是毋庸置疑的。心理免疫力差的孩子很容易就会被网络所吸引，沉迷于网络之中。我们只有增强孩子的心理免疫力，才能帮助孩子远离网络的诱惑，让孩子快乐成长。

鼓励孩子适度玩游戏

网络游戏到底有多么大的吸引力和魅力呢？不仅很多青少年喜欢玩网络游戏，很多成人也喜欢玩网络游戏。但过度甚至通宵玩网络游戏，会给身体带来很大的伤害，极端情况下会导致猝死。不得不说，网络游戏虽然给人们提供了娱乐，却给人的生命健康安全带来了危害。

当青少年沉迷于网络游戏的时候，大多数父母都会特别紧张，有些父母甚至严令禁止孩子玩游戏。殊不知，这就和大禹治水是一样的道理。如果一直采取堵塞的方式，那么永远也治理不好水患。只有采取疏通的方式对水患进行引流，才能平息水患。对于孩子喜欢玩网络游戏的行为，父母要适度鼓励孩子玩游戏，疏导孩子的情绪，释放孩子玩游戏的欲望，这样孩子才能控制好玩游戏的时间，也才能避免因为玩游戏而出现成瘾的情况。

随着时代的进步和互联网的发展，人们的娱乐方式越来越多。在各种各样的娱乐方式中，网络游戏与互联网密切相关。因为网络游戏制作精美，色彩鲜艳，而且是动态的，所以很多人都对网络游戏特别感兴趣，欲罢不能。时至今日，很多成人都会选择以玩网络游戏的方式进行休闲放松。

近些年来，网络游戏发展很迅猛，给人们提供了更多元化的产品，但是也显现出了非常明显的弊端。如果说成人玩网络游戏有一定的自控力，也会迫于生活的压力，只能在休息的时候玩，那么对于青少年来说，他们为了玩网络游戏放弃学习是一点也不足为奇的。因为和学习相比，网络游

戏显然更轻松愉快，而且能够给他们带来更多的快乐和兴奋，这是孩子出于利己的本能作出的选择。面对孩子作出的选择，很多父母都表示不理解，他们或者与孩子发生严重的争执和冲突，或者把孩子送到戒网瘾学校里去戒除网瘾，最终的结果却不尽如人意。试问：如果父母作为世界上最爱孩子的人，都不能帮助孩子抵制网络游戏的诱惑，那么戒网瘾学校又如何能够帮助孩子远离网络游戏呢？虽然孩子沉迷于网络游戏是不对的，但是父母把孩子交给戒网瘾学校的行为是对孩子极大的不负责任。

并非所有孩子都会沉迷于网络游戏。虽然大部分孩子都玩网络游戏，但是他们能够控制好自己玩游戏的时间和次数，而不会每时每刻都想玩游戏，只有极少数的孩子会无限度地沉迷在网络的世界里，他们在网络游戏中感受血腥暴力，享受杀戮的快感。不知不觉间，他们的性格变得非常冷漠，对于人也怀着恶意去揣测。不得不说，这的确给青少年的成长带来了很大的负面影响。但是，也有人对此持有不同的观点，他们认为那些网络成瘾，沉迷于网络的孩子，归根结底还是家庭教育出了问题。为了证明这一点，他们指出有的孩子虽然喜欢玩游戏，但是学习成绩非常好。因此，我们不能把孩子的堕落完全归责于网络游戏，也不能把孩子的堕落完全归结于家庭教育。只有这两个方面达到平衡，达到最好的状态，孩子各方面的能力才能均衡发展，孩子也才能快乐成长。

青春期的孩子尽管不需要养家糊口，不需要赚钱，但是他们需要努力地学习，学习给孩子带来的压力也是很大的。所以有的时候，孩子也需要放松。在很多的独生子女家庭里，父母因为忙于工作，并没有时间陪伴和照顾孩子，很多年纪稍大的孩子放学之后需要独自回家，独自写作业。日久天长，孩子未免会觉得孤独，渐渐地，孩子就会通过游戏的方式来排遣孤独，也在玩游戏的过程中不知不觉等来了父母回家，这让他们切身感受到玩游戏的好处。

网络游戏是一个虚拟的世界，很多在现实生活中都不被允许的事情，孩子在网络游戏中却可以自由地去做。从这一点上来看，网络游戏就满足了孩子对于自由的渴望。

从辩证唯物主义的角度来看，凡事都有两面性，网络游戏也是一把双刃剑，适度地玩游戏可以帮助孩子放松心情，感到愉悦，但是过度地玩游戏却让孩子逃避现实生活，进入了虚拟的世界里，沉迷其中无法自拔。由此可见，适度是玩网络游戏最重要的原则之一。

一提起网络游戏，很多家长马上如临大敌，他们认为孩子坚决不能碰网络游戏。其实网络游戏并不是毒品，人只要一沾染就会成瘾。网络游戏是能够让孩子得到合理宣泄的，只要适度使用，避免沉迷。现代网络如此普及，父母即使对孩子严防死守，孩子只要想玩网络游戏，还是能够找到机会玩。既然如此，与其让孩子绞尽脑汁，想方设法，偷偷摸摸地玩网络游戏，还不如让孩子光明正大地玩网络游戏。真正的自律是在获得自由的基础上才能实现的，孩子得到自由，反而能够实现自我管理。

在人际交往中，如果大多数同学都玩网络游戏，自己的孩子却不玩网络游戏，那么对于同学们讨论的游戏话题，孩子就会毫不知情，这会使孩子被排除在团体之外。所以父母无需坚决禁止孩子玩网络游戏，而是要引导孩子适度玩网络游戏，这样孩子就能够从游戏中获益，而不至于被游戏危害。

对于孩子玩网络游戏，有两个比极端的控制方法效果更好的处理方式。一个是为孩子制定规矩，让孩子自己管理好玩游戏的时间，例如每天在固定的时间段孩子可以玩游戏。孩子如果能够做到自我管理，第二天可以多奖励孩子十分钟；孩子如果不能做到自我管理，第二天就要扣除孩子十分钟。第二种方法就是让孩子一次性玩个够。很多孩子对于玩游戏没有得到满足，处于饥渴状态。在这样的情况下，父母可以给孩子机会一次性玩个痛快，从而让孩子把对于游戏的欲望彻底释放出来。当得到充分的满足之后，孩子可能就不会再对游戏那么饥渴了。

不管采取哪种方式帮助孩子调整好玩游戏的状态，父母都应该更多地关注和陪伴孩子，都应该给予孩子更多的激励和鼓励。大多数孩子沉迷游戏最初的原因都是因为缺乏陪伴，感到孤独，所以父母即使工作再忙，也应该抽出时间多多和孩子交流、沟通。尤其不要总是训斥孩子，要让孩子愿意与父母沟通，愿意对父母敞开心扉。当孩子在现实生活中感受到温暖，也认为父母值得信任时，他们就不会再因为空虚而走入网络之中，过度依赖虚拟世界。

第11章

尊重孩子的朋友，鼓励孩子多多结交优秀的朋友

很多父母在孩子交朋友的这个问题上都非常矛盾：一则，他们认为孩子需要同龄人的陪伴，在同龄人的团体中感受到快乐和满足；二则，他们担心孩子交友不慎，会受到那些不良朋友的影响，因而走上歧途；三则，父母很担心孩子的安全问题，所以会限制孩子交朋友。在父母的限制之下，孩子的成长就是孤独和寂寞的，有些孩子甚至在长期的限制之下走向了离群索居，影响了正常的生活和学习。

不要鼓励孩子独来独往

在心理学领域，有一个人际剥夺实验。这个实验最终的结果显示，每个人都是社会的一员，都必须居住在人群之中，与其他人进行交往。由此得出了结论：人际交往是人的必然需要，就像人必须吃饭睡觉一样，每个人也都必须与他人交往。正是在人际交往的过程中，人与人之间才建立了各种各样的关系。对于青春期的孩子来说，人际交往是更为重要的，这是因为父母即使怀着赤子之心，也不可能代替同龄人在孩子成长中的重要作用。孩子在与同龄人相处的时候，会学会如何处理人际关系，也能够提升自我生存和发展的能力。从这个意义上来说，孩子只有在良好的人际关系之中，才能健康快乐地成长。父母要鼓励孩子多多结交朋友，当发现孩子总是独来独往的时候，父母一定要引起足够的重视，也要及时帮助孩子敞开心扉，接纳朋友。

与其说人际交往是与吃喝拉撒一样的生理需求，不如说人际交往更多的是在满足孩子的心理需求。通过正常的交往，孩子可以得到心灵的沟通，也可以在与他人相处的过程中寻找到感情的寄托。良好的人际关系能够促进孩子的心理健康发展，使孩子成年之后在社会生活中也能够如鱼得水，游刃有余。从心理学的角度来说。青春期孩子敏感而又自尊，如果他们拥有良好的人际关系，就会形成更好的交友习惯；如果他们的人际关系特别恶劣，那么他们就会出现人际退缩的现象，甚至会出现恐惧社交的行为。从孩子成长的营养滋养来说，父母即使很关心和关爱孩子，也不可能像同龄人那样陪伴孩子，而同龄人的陪伴对孩子的成长恰恰是非常重要的。

心理学家经过研究发现，在青春期，如果孩子始终非常孤独，没有朋友的陪伴，也得不到朋友的认可和接纳，那么在长大成人之后，即使他功成名就，获得了成功，在心灵深处也会有很大的缺憾，也时常会感到不安全。所以当发现孩子喜欢独来独往的时候，父母一定要帮助孩子回归到正常的交际之中，而切勿因为一些原因就限制孩子的交往，使孩子对结交朋友不那么热衷，这对孩子的成长而言是巨大的损失。

那么，父母应该如何帮助孩子建立良好的朋友关系，鼓励孩子结交更多的朋友呢？

首先，父母可以为孩子制造机会结交朋友。孩子生活的范围是比较小的，尤其在上学之前，孩子们更多地在家庭中生活。在上学之后，孩子会认识很多同学，除了同学之外，父母还可以为孩子提供机会，结识朋友。同学和朋友的关系还是不同的，朋友关系比同学关系更进一步。例如，父母可以在家里举行小型聚会，让孩子邀请班里处得比较好的同学参加，并且为孩子们准备一些小礼物。有过这样的一次活动之后，同学们之间的关系就会更加亲近，孩子自然也就与同学变成了朋友。

其次，父母还可以引导孩子与朋友之间礼尚往来。其实，对于年幼的孩子来说，他们与他人之间的交往最开始就是从交换开始的。几岁的孩子还不懂得为朋友付出，他们在和朋友相处时，往往会以自己喜欢的玩具去交换他人喜欢的玩具，在交换的过程中，他们彼此越来越熟悉，这完全符合心理学上的互惠心理。虽然青春期的孩子已经长大了，但是互惠依然可以帮助他们交到很多朋友。例如孩子们之间虽然不再交换各种物品，但是可以交换秘密。当两个原本关系很普通的孩子拥有了一个共同秘密，他们之间的关系就会马上产生质的飞越，变得更加亲近。

再次，教孩子学会分享与合作。如今，很多孩子从小就是家里的独生子女，习惯了独占家里所有的资源，所以在与人相处的过程中，他们也往往会非常自私任性。在与朋友交往的过程中，他们如果总是任性霸道，就不能得到朋友的认可和喜爱。父母要教会孩子学会分享与合作，一份快乐经过分享就变成了两份快乐，一份痛苦经过分享就变成了半份痛苦。合作则可以让孩子把渺小的个人力量融入大海之中，从而形成强大的合力，当孩子感受到合作的快乐之后，就会更乐于与人合作。

最后，只要是有人的地方，就一定会发生矛盾。孩子在与朋友们相处的过程中，也会因为意见分歧或者利益冲突，而与朋友发生各种矛盾。在这种时候，父母不要过于指责孩子，也不要护着孩子，指责其他孩子。父母应该怀着公正公平的原则，如果孩子能够独立处理问题，那么父母要把问题交给孩子独立处理；如果孩子不能独立处理问题，那么父母要引导孩子设身处地地为他人着想，理解和宽容他人。唯有如此，孩子才能与朋友之间建立更好的关系。

对于独来独往的孩子，父母虽然要引导孩子去结交更多的朋友，却不要强制孩子。有些孩子生性孤僻，性格内向，不善言谈。父母如果强求他们与人交往，往往会给他们造成困扰。父母应该给孩子一定的自主权，对孩子不限制、不干预，必要的时候给予孩子更多的鼓励和支持，这样孩子才会感到舒适自在。

把好交友关，给孩子交友权

古人云，近朱者赤，近墨者黑，这句话的意思是，我们与什么样的人在一起，很容易受到对方的影响。有些父母对这句话奉若圣旨，他们认为孩子只要与不那么优秀的朋友相处，就会拉低自己的水平，所以要求孩子必须与比自己更优秀的孩子结交朋友，从而促进自己的成长和进步。这样

的要求从父母的角度来说无可非议，因为这是为了孩子的成长和进步，但是从孩子的角度来说，他们在结交朋友的时候并不会以是否优秀作为评判的标准，他们只想结交自己喜欢的朋友，他们只想结交志同道合的朋友，他们只想从朋友那里得到更多的快乐，所以他们不会像父母考虑得这么全面或者是功利。

青春期的孩子虽然已经长大了，接下来就要步入成年，但是他们依然缺乏人生的经验，也缺少人生的阅历。面对不良事物的时候，他们很容易被诱惑和影响，这使得父母更加担心孩子因为交友不慎而误入歧途。出于这样的担心，父母就想方设法地把控孩子的交友权，对于孩子结交的朋友，他们甚至会进行再三审核。在他们心里，孩子不是独立的生命个体，而成为了他们的犯人，需要他们以各种方式去审核。这样的做法会让孩子特别反感。有些父母在发现孩子结交的朋友不符合他们的要求之后，还会坚决要求孩子与这些朋友断绝关系，彻底决裂，这是让孩子更难以接受的。

父母把好孩子的交友观这是无可厚非的，因为父母可以帮助孩子甄别朋友的品质，但是父母却不要掌控孩子的交友权。从根本上来说，结交朋友是孩子自己的事情，父母应该把这件事情完全交还给孩子。

人是群居动物，每个人都是人群中的一员，每个人也都是社会生活中的一员。现代社会中，任何人都不可能离群索居，独自生活。在社会生活中，成人需要朋友，孩子也需要朋友。所以父母要尊重孩子交友的需求，也要满足孩子交友的需求。

有些父母对孩子交友过多地限制，让孩子感受到自己不受尊重；有些父母还不尊重孩子的朋友，这使他们与孩子的关系非常紧张。当父母自以为是地对孩子交朋友这件事情指手划脚的时候，实际上孩子对此的想法和父母截然不同。他们结交一个朋友，有可能是因为跟朋友有相同的兴趣爱好，有可能是因为跟朋友的脾气秉性相似，也有可能是因为他们觉得这个朋友需要他们的帮助。总而言之，孩子的想法很单纯，他们会与自己喜欢的人一起交往，而很少考虑到朋友的学习表现和学习成绩。

其实，如果说年幼的孩子对朋友没有任何甄别能力，那么在青春期，孩子们对朋友的甄别能力已经大大提升。父母要学会对青春期的孩子放手，不要限制青春期孩子的活动范围和交际范围，否则，如果父母始终把青春期的孩子困住在自己的身边，不让孩子扩大活动的范围，孩子的心理健康就会受到负面影响，孩子的性格也会越来越孤僻。

除了不要剥夺孩子的交友权之外，当孩子与朋友相处的时候，父母也要给孩子更大的空间。有些父母虽然允许孩子出门和朋友一起玩，但是他们把孩子出门的时间限制得非常短。有些父母虽然允许孩子和朋友一起参加活动，但是他们却对这个活动进行了严格的限制。这些不恰当的管束都会让独立意识越来越强的青春期孩子更加叛逆，也不能满足孩子们的心理需求。父母与其这么严格地控制孩子，不如给孩子更大的权力，引导孩子自己去作出很多选择，进行一些判断，这样孩子反而更容易接受父母的建议。

父母要为孩子把好交友关，放手孩子的交友权，就要做到以下几点。

首先，要引导孩子形成正确的交友观。青春期孩子非常讲究义气，有的时候会出现盲目从众的行为。父母要告诉孩子，真正的好朋友是患难与共的，而不是在一起吃喝玩乐的狐朋狗友。古人云，君子之交淡如水，告诉我们真朋友未必每天都要在一起。父母与其帮助孩子选择朋友。不如教会孩子如何选择朋友。这样孩子渐渐地就能够交到真正的好朋友。这对孩子的成长也是极大的促进。

其次，要尊重孩子交友的权利。父母固然可以给予孩子一些建议，却不要在交友方面对孩子严格地下令。如果确定孩子所交的朋友是社会上

的不良人士、闲杂人等，那么父母应该采取有效的干预措施，给孩子以适度的提醒，却不要强求禁止孩子，更不要给孩子贴上物以类聚、人以群分的标签，否则就会导致事与愿违，使孩子觉得自己和朋友都是被父母鄙视的，孩子反而会更叛逆。

朋友是每个人一生的陪伴，一个人要想在生命中有更精彩的呈现，就离不开朋友的扶持和帮助。父母应该意识到朋友对孩子成长的重要性，要多多鼓励孩子结交朋友，也要用心引导孩子形成正确的交友观。在任何时候，父母都不要盲目地决定孩子应该与谁交往，应该远离谁，这是干涉孩子交友权利的行为，是不受孩子欢迎的。从某种意义上来说，父母应该把自己也当成孩子的朋友，才能够给孩子更好的建议，孩子也才愿意采纳父母的建议。所以，父母要想把好孩子的交友观，把交友权还给孩子，就要先从做孩子的朋友开始。

让孩子远离社会上的闲杂人等

孩子一直在学校的单纯环境中生活，他们对于社会的险恶是毫无了解的，尤其是在父母对他们照顾得无微不至的情况下，孩子们从来没有受到伤害，所以也就没有切身的体会和教训。在有机会与社会上的不良青年相处的时候。孩子们很容易就会受到不良青年的影响，看到不良青年不必遵守学校的规矩，也不必每天都辛苦地学习，孩子们往往非常羡慕。这个时候，如果不良青年居心叵测地对孩子们进行误导，孩子们就很容易上当受骗。

对于很多家长来说，他们对孩子交朋友这件事情是非常重视的。他们希望孩子结交对自己的成长有利的朋友，而不希望孩子与那些狐朋狗友交往。但是一旦孩子与社会上的不良青年混在一起，父母想对孩子开展教育就会更难。在青春期，孩子已经不愿意凡事都听从父母的指令，他们更渴望建立自己的社交圈子，更渴望拥有自己的独立生活。所以他们会把父母排除在圈子之外。这真应了那句话——可怜天下父母心。一旦看到半大不小的孩子脱离了自己的管束，离开了自己的身边自由自在地去成长，他们就很担心孩子会受到不良诱惑，会走入歧途。

为了避免这种情况的出现，父母们往往会对孩子严防死守，他们坚决禁止孩子和社会青年交往，他们对孩子高标准严要求，把孩子每一分钟的时间都计算得很精确，例如孩子几点放学、几点应该回到家里、孩子出门多长时间、要做什么事情。如果孩子到点没有回来，父母就会马上打电话询问孩子在哪里。父母这样的管教看起来是密不透风的，足以隔绝社会不良青年对孩子的影响，但是实际上，父母长期这样严格管控孩子，会让孩子感到压抑，产生逆反心理，也让孩子恨不得马上就脱离父母的管束，所以反而起到了相反的作用。

除了为了反抗父母过于严格的教育，有些孩子与社会青年交往纯粹是因为好奇。社会青年所过的生活是自由散漫的，而且会做出一些出格的行为，这让原本非常乖的孩子感到新鲜有趣，他们从来没有体验过这样放纵的生活，也不知道人心有多么险恶，所以就会在不知不觉间被社会青年所吸引。

在教育孩子的时候，要把握好一个度，既不要对孩子过于严格地管束，也不要对孩子完全放手不管。否则，孩子在成长中就会踏上异常的轨道。当然，父母对孩子的教育也不是通过简单的说教就能实现的。有些父母会唠唠叨叨对孩子说个没完，这会引起心理学上的超限效应，使孩子更是故意与父母作对。也有些父母会与孩子不停地沟通，希望孩子能够听从父母的话，但是结果往往不能如愿。父母应该根据孩子的身心发展特点、脾气秉性。以及孩子的实际情况来对孩子加以引导。遇到问题的时候，父母要和孩子统一战线，带着孩子一起进行剖析，从而教会孩子区分和辨别是非险恶。

在教育孩子远离社会上闲杂人等的过程之中，父母不要进入误区。首先，父母要多多关爱孩子。孩子如果在家庭生活中感到很寂寞，就会想结交更多的朋友，也很容易受到不良青年的诱惑。父母在和孩子交流的过程中，要真正表现出对孩子本身的关爱，也要理解和尊重孩子。

其次，不要告诫孩子不能与陌生人说话。在现实生活中，我们每天都会面对陌生人，与陌生人交往，也是孩子必备的生存技能。如果在青春期，父母告诫孩子不能和陌生人说话，不能接近陌生人，那么在长大成人之后，孩子在踏入社会见识到各色人群时，未免会很不适应。

社会竞争非常激烈，人际交往能力已经被提升到很高的高度，在很多行业里都需要具有良好的社交能力才能吃得开，所以父母要让孩子适度与陌生人交往。只是要提升孩子的安全意识，让孩子提高警惕，不接近那些品质恶劣的人。此外，也不要被人们完美的表象所迷惑。

养育孩子从来不是一件简单容易的事情，父母在教养孩子的过程中，往往都提着心吊着胆，生怕孩子会遇到危险，又担心始终把孩子圈养起来，孩子不能适应外面的广阔天地。只有在这两者之间取得平衡，孩子才能获得成长和发展。

让孩子独立处理与朋友的矛盾

人和人相处的时候一定会发生矛盾，也会产生一些冲突。即使是对于几岁的幼儿来说，当孩子之间发生矛盾和冲突的时候，父母也应该尽量置身事外。如果孩子有能力处理好这些矛盾和冲突，那么应该让孩子独立处理；如果孩子没有能力处理好这么复杂的情况，那么父母可以给予孩子一定的引导，尽量让孩子处理好与朋友之间的矛盾和冲突。

青春期的孩子已经十几岁了，他们在青春期身心快速发展和成长，所以情绪很容易冲动，也渐渐形成了争强好胜的个性。尤其是在进入初中生活之后，孩子与同学之间的关系不再像小学时候那么简单，而是会变得越来越复杂，也富于变化。这就决定了孩子在人际关系中会面临一些矛盾和纠纷。尤其是如今大多数孩子都是独生子女，他们从小在家里衣食无忧，不管有什么需求都能够得到父母的满足，不管有什么愿望都会第一时间被实现，而且他们独享家里所有好吃的好玩的，所以渐渐地形成了以自我为中心的思想，这也使他们在与人相处的时候任性霸道，因而导致矛盾冲突更多。

对于父母来说，他们当然不希望自己从小呵护长大的孩子因为人际纠纷而受到伤害，父母的心情固然是可以理解的，但是父母的做法一定要经过权衡，要更加理性。有些父母一旦看到自家孩子与别人家的孩子发生冲突，马上就会冲上去保护自家的孩子。这样一来，孩子之间的冲突就会变成父母之间的冲突。原本孩子之间的冲突并不严重，可是一旦有父母的介入，问题就会变得复杂，孩子之间的关系也有可能就此彻底破裂。孩子可不愿意因此而失去一个朋友，所以父母要理解孩子的心情，而不要给予孩子太多的干扰。

很多教育专家都提倡父母不要完全替代孩子，而是要把孩子的事情交给孩子处理。这是很有道理的。那么，处理与朋友之间的矛盾和纠纷，也应该是孩子自己的事情，所以父母要对孩子放手，要相信孩子有能力处理好与朋友的关系。

当孩子之间出现矛盾或者纠纷的时候，作为父母切勿感情用事，父母疼爱孩子的心情固然可以理解，但是每个孩子都是父母的心头肉，如果父母以大欺小，帮助自家的孩子出头去欺负别人家的孩子，别人家孩子的父母又会如何想呢？所以，面对这些矛盾和纠纷，父母应该理性地帮助孩子分析事情的前因后果。如果孩子的情绪很激动，父母还要安抚好孩子的情绪，让孩子保持冷静，再去解决矛盾。父母坚决不要插手孩子之间的矛盾，否则就会引起冲突升级。如果孩子的矛盾是和同学之间产生的，那么父母的介入，还会导致家长与家长之间矛盾升级，这会影响孩子正常的学习和生活。

父母爱孩子固然心切，也要为孩子的成长负责，父母护短的行为会让自家的孩子更加嚣张，即使有了错误也不愿意承认，使得被其他孩子嫌弃。父母如果不能做到公平公正，还会引起其他父母的不满，所以父母一定要谨言慎行。具体来说，父母要遵循以下几个原则。

首先，当孩子之间发生矛盾的时候，父母要保持冷静，不要因为心疼孩子就失去冷静，冲动地介入，这样会使矛盾升级。

其次，父母要坚持公平公正的原则，教会孩子处理矛盾的方式方法。父母作为孩子的监护人，不仅仅要保护孩子，还要教会孩子做人做事。如果因为庇护孩子，就偏向孩子，使孩子不能正确地处理矛盾，那么将来孩子在与更多的人发生不可知的矛盾时，就不能正确圆满地处理。

再次，要教会孩子宽容有爱。很多孩子是睚眦必报的，在家庭生活中，他们任性自私，心思狭隘，不愿意宽容别人任何一点点错误，这使得他们与别人相处的时候针锋相对，也使得他们的人际关系恶劣紧张。

最后，父母要教会孩子处理问题的方式。古人云，授人以鱼，不如授人以渔。孩子长大了，他们生活的范围越来越大，活动的半径越来越大，父母不可能永远跟随在孩子的身边，陪伴和照顾孩子。既然如此，就要教会孩子处理问题的思路，也让孩子掌握正确的方式去解决问题，这样孩子在遇到问题的时候才能圆满地解决问题。

需要注意的是，青春期的孩子缺乏人生经验，也会因为思路发展还不够成熟，所以在考虑问题的时候难免有些片面，也不够冷静客观。父母要给予孩子合理的指导，告诉孩子控制好自己的情绪，才能解决问题。尤其是对于那些攻击性强的孩子，父母一定要管教好自家的孩子，让孩子不要随随便便就动手。有些孩子只从自身的角度出发考虑问题，父母还可以引导孩子尝试着换位思考，站在他人的角度上思考问题。这样，孩子才能对他人感同身受，也才能真正地处理好问题。

告诉孩子学会拒绝，不要迷信“哥们义气”

青春期的孩子很容易陷入“哥们义气”的怪圈之中，这是因为青春期的孩子很想得到同龄人的认同。为了能够融入同龄人的团体，他们甚至会违心地做一些事情。网络上曾经有一则新闻，说的是三个少年因为入室盗窃而被判刑，其中两个少年是社会青年，有一个少年是学校里的学生。这个学生在平日里的表现非常好，那么他为何会做出入室盗窃这样的犯罪行为呢？他说出来的理由让众人都很震惊。原来，在当时，另外两个青年想入室盗窃，学生对此表示反对。但是那两个青年说，如果这个学生不参与盗窃，就会把他排除到他们的团体之外。就因为受到了这样的威胁，这个学生就参与了盗窃，犯下了罪行。

青春期的孩子非常看重同伴之间的情谊，他们在与同伴交往的过程中怀着热烈的感情，他们非常热衷于交往，而且很看重朋友之间的情谊。不管是与同学交往，还是与其他朋友交往，他们都非常投入。但是，友谊是需要双方互相理解、互相帮助的，尤其是男孩之间的情谊还需要讲义气。

很多青春期男孩儿因为不知道真正的义气是什么，就会在与同伴相处的时候失去原则和底线，甚至不考虑做事情的后果，只是为了迎合朋友的喜好，这使得他们触犯了法律，违反了道德。他们原本以为这就是忠诚于友谊的表现，却不知道自己在不知不觉间陷入了哥们义气的误区之中，也让自己变得特别被动。

友谊和义气并不是一码事，义气带有江湖的习气，而友谊则是纯洁的、纯粹的。现实生活中，很多孩子都会把友谊和义气混淆，也会因为义气而把自己与朋友们捆绑在一起。父母要教会孩子巧妙地化解这些麻烦，准确地区分友谊和义气，不要让自己陷入痛苦之中。

朋友之间互相帮助原本是理所应当的，但是如果对方提出的是不情之请，或者是无理的要求，那么孩子就不能无限度地容忍朋友，更不要无条件地支持朋友。尤其是当帮助或者支持朋友会付出惨重的代价时，孩子一定要能够拉得下面子拒绝朋友。虽然帮助朋友可以让我们获得朋友的感谢，得到朋友的认可，但是如果这样的感谢和认可是以我们承受惨痛代价为前提条件的，那么这样的朋友即使失去了，也是不值得惋惜的。

对于友谊，很多青春期的孩子都带有飞蛾扑火的热情，他们不会判断这份友谊是否值得自己珍惜，也不会判断自己的朋友是否属于正道，他们只是为了与喜欢的朋友在一起，就会盲目地去做一些事情。父母在教育孩子的时候，要耐心地引导孩子理解友谊，要教会孩子拒绝，也让孩子不再迷信哥们义气。

首先，在朋友相处的过程中，父母要让孩子坚持原则。很多孩子是无原则无底线的，他们为了取悦朋友，就会做出一些违心的事情。但是真正的朋友并不会触犯我们的原则和底线，所以以此为标准，孩子们就能区分哪些是真朋友、哪些是假朋友。尤其是在与朋友有分歧的时候，孩子要坚持自己的主见，不要人云亦云，也不要盲目地从众，对很多事情都要有自己的判断，这才是最重要的。

其次，要帮助孩子区分友谊与义气。很多青春期的孩子都特别冲动，在交往朋友的时候，他们会为了哥们义气而做出一些违反原则的事情，丧失做人的基本准则。对于孩子而言，这样的付出并不能帮助他们获得真正的友谊，反而会让他们给自己惹来很多麻烦，甚至因此而触犯道德和法律。这显然是父母最担忧的。那么，在教育孩子的过程中，父母要先给孩子打好预防针，让孩子对于友谊和义气有正确的认知，从而帮助孩子正确交友。

最后，父母要教会孩子拒绝他人。很多孩子脸皮薄，不好意思拒绝他人，尤其是在面对朋友的请求时，他们总是不自觉地充当老好人的角色。其实如果我们有能力帮助朋友，自然要全力以赴，但是如果朋友提出的是不情之请，让我们感到很为难，那么我们就应该拒绝。

拒绝朋友的时候不要居高临下，避免伤害朋友的颜面。可以列举出自己实际的困难，也可以抬高对方，这样都能维护对方的面子，让对方不至于因为被拒绝就对我们怀恨在心。必要的时候，我们还可以找一些委婉的借口拒绝对方，这样都可以给对方台阶下。

如果真的心有余而力不足，又很想帮助对方，那么我们可以根据自身的能力给对方一个替换的解决方案，尽我们所能地帮助对方，这样才能赢得对方的谅解，并且得到对方的感谢，可谓一举两得。

与人相处一定会有各种情况发生，作为青春期的孩子，在与朋友相处的时候也会状况百出。父母作为孩子的监护人，不但要关注孩子的衣食住行，满足孩子的生理需求，也要关注孩子的心理健康，把好孩子的交友关。当孩子与朋友相处遇到困难的时候，父母也要及时向孩子伸出援手，这样才能帮助孩子维持好友谊，也结交更多的朋友。

参考文献

[1]晓丹.别跟青春期的孩子较劲[M].天津：天津出版传媒集团，2019.

[2]徐苑林.正面管教的技巧[M].北京：中国纺织出版社有限公司，2020.

[3]简·丹尼尔，琳·洛特.十几岁孩子的正面管教[M].尹莉莉，译.北京：北京联合出版公司，2014.